AF384488

DES PARTIS EN FRANCE,

DE LEURS MOYENS ET DE LEURS PROJETS;

DE LA MONARCHIE,

DE SON CARACTÈRE ET DE SON AVENIR.

CONSIDÉRATIONS EXTRAITES

DE L'INVARIABLE,

RECUEIL PÉRIODIQUE

DIRIGÉ

PAR M. LE COMTE O'MAHONY.

> *Je vous en conjure devant Dieu !... Préchez la parole,*
> *pressez à temps et à contre-temps... ; car le jour viendra*
> *où les hommes ne supporteront pas la saine doctrine, mais*
> *où tourmentés de curiosité , ils se donneront une multi-*
> *tude de maîtres au gré de leurs caprices; et , détournant*
> *l'oreille pour ne pas entendre la vérité, ils se tourneront*
> *du côté de la fable... Mais leurs succès n'iront pas loin;*
> *car leur folie deviendra manifeste à tous les yeux.*
> S. Paul a Timothée; Épi ii.

<table>
<tr><td>

A LYON,

CHEZ SAUVIGNET,
ÉDITEUR,
Grande rue Mercière.

</td><td>

A PARIS,

CHEZ BRICON ,
Rue du Vieux-Colombier,
nᵒ 13, faub. S.-Germain.

</td><td>

A FRIBOURG
(EN SUISSE), ;

CHEZ GRAUSER,
Libraire, rue des Prêtres.

</td></tr>
</table>

PRIX : UN FRANC CINQUANTE CENTIMES.

PARIS. — IMPRIMERIE DE COSSON,
Rue St-Germain-des-Prés, n° 9.

AVERTISSEMENT.

LE siècle a l'oreille dure à la Vérité; peu d'hommes l'écoutent, moins encore la répètent. Réduite à elle-même pour se faire entendre, il lui faut donc parler haut, parler long-temps, et multiplier les porte-voix.

Voilà pourquoi les Considérations politiques que nous publions aujourd'hui paraîtront en même temps dans une livraison de l'*Invariable* (1). Prévoyant du

(1) L'*Invariable*, recueil périodique, publié *avec l'approbation ecclésiastique* à Fribourg (en Suisse). Il paraît chaque mois une livraison de 3 à 4 feuilles in-8° (48 à 64 pages). Six livraisons forment un volume. La collection se compose déjà de cinq volumes, et l'avant-dernière livraison du sixième volume est sous presse.

Prix d'abonnement pour la France : un volume, 8 *fr.* 75 *cent.*; deux volumes, 16 *fr.* 50 *cent.* A l'étranger, pour un volume, 10 *francs*. On ne peut souscrire pour moins d'un volume, et chaque abonnement doit toujours commencer avec *la première livraison d'un volume*.

On souscrit à Paris, chez BRICON, libraire, rue du Vieux-Colombier, n° 13, faub. St.-Germain; et en province, chez les principaux libraires. A défaut de libraires on peut écrire directement, *franco*, à M. MULLER, éditeur-gérant, rue de la Grande-Fontaine, n° 16, a Fribourg (en Suisse).

reste, et non sans raison, qu'à une ou deux exceptions près, les journaux n'en parleront pas, ni peut-être même ne consentiront à l'annoncer, nous prions les lecteurs qui partagent nos doctrines, et qui en désirent le triomphe, de combattre, autant qu'il dépendra d'eux, cette *coalition de silences*, en étendant le plus possible la publicité de cet opuscule. Nous dirons même que c'est pour eux un devoir : car chacun d'eux a sa part à prendre dans la mission générale ; et, dans cette grande guerre déclarée à Dieu et aux Rois, tout catholique-royaliste est soldat.

Le Comte O'Mahony.

DES PARTIS EN FRANCE,

DE LEURS MOYENS ET DE LEURS PROJETS;

DE LA MONARCHIE,

DE SON CARACTÈRE ET DE SON AVENIR.

I

Priùs vos ostendens fabricatores mendacii, et cultores perversorum dogmatum.
Job. XIII, 4.

Le proverbe vulgaire : *Qui compte sans son hôte souvent compte deux fois;* la fable de *Perrette et son pot au lait,* offrent, l'un sous une forme concise, l'autre sous des images piquantes et naïves, une vérité aussi ancienne que le monde ; et l'on peut dire que c'est l'histoire de l'humanité entière, que cette disposition à charger l'avenir d'illusions qui le font tel que le voudraient nos passions et nos intérêts. Ces illusions peuvent être innocentes, si ce qui fait l'objet de nos vœux n'a rien en soi qui ne puisse être légitimement désiré : elles cessent de l'être, si en effet nous avons de mauvais désirs, et dans ce dernier cas il est rare que celui qui en est possédé ne s'efforce pas de parvenir à son but par de coupables réalités.

Je ne crains pas de dire que, depuis quatre ans, la presse du parti *légitimiste* présente une application frappante de cette faiblesse de l'humanité; et malheureusement pour elle, plus malheureusement encore pour ceux qu'elle abuse, il s'y joint une foule de circonstances qui ne permettent guère de croire à l'innocence entière de ses vœux et à l'entière pureté de ses intentions : ce qu'elle affecte de désirer dans un intérêt public ne l'étant visiblement que dans l'intérêt tout particulier d'un petit nombre d'hommes, et l'illusion se trouvant ici mêlée de continuelles déceptions.

C'est qu'avant toutes choses, la presse *dite* légitimiste veut vivre, et qu'elle entend que l'avenir lui assure les conditions de son existence. Il est doux, en effet, pour une jeunesse à peine sortie des bancs de l'école (car, sauf quelques vieux chefs qui n'ont pas encore désemparé, la révolution de 1830 a presque entièrement renouvelé le journalisme), il est doux de se voir subitement portée du sein de l'obscurité profonde, qui de tout temps fut son lot, au centre du mouvement social; et là, au lieu d'y subir cette longue épreuve de l'obéissance qui autrefois lui apprenait à commander dans l'âge mûr, d'y exercer de prime-abord une autorité telle, que toute autre autorité semble pâlir devant elle; de voir sa parole franchir, presque aussi vite que la pensée, des espaces immenses, et partout où elle passe, entraîner les esprits et devenir en quelque sorte européenne; de se faire, avec une érudition plus que légère, avec un déluge de phrases écrites plus que négligemment, et souvent avec un esprit qui n'est pas plus que médiocre, une célébrité viagère que jadis on n'obtenait pas toujours avec un talent véritable, un profond savoir et un travail assidu; en littérature, de régler les rangs sans se donner la peine d'en avoir un, et n'ayant pas même besoin d'en avoir (1); en politique, de forcer

______

(1) Par exemple, un de ces petits Messieurs a pu impunément, et même impudemment, mettre l'éloquence d'un des avocats députés du

quelquefois le pouvoir à rendre compte, et d'en être craint lorsqu'on n'en est pas caressé; enfin de joindre à ces fumées de la gloire et à ces réalités d'une puissance dont on essaie sans cesse de reculer les bornes, *la rosée du ciel et la graisse de la terre*, c'est-à-dire de bons émolumens, des émolumens tels, qu'aucun travail vraiment utile n'aurait pu les lui offrir, même en perspective. Certes, dans une position semblable, il y a plus qu'il ne faut pour produire l'enivrement; c'est presque l'ivresse du Thabor : *Il nous fait bon d'être ici*, s'est écriée cette intéressante jeunesse; et ce n'est pas une simple tente qu'elle a conçu le projet d'y dresser.

Telle était la position qu'il fallait s'efforcer de conserver à tout prix. Telle fut la première, ou pour mieux dire l'unique pensée des vieux roués constitutionnels de la restauration, qui, tant qu'elle a duré, n'avaient vécu, en honneurs et en richesses, que des influences du journalisme, et qui, pour en vivre encore après 1830, s'étaient tenus fermes au poste de chefs-de-file qu'ils y avaient jusqu'alors exclusivement possédé. Cette pensée, ils la manifestèrent hautement; et toute cette troupe d'écrivains imberbes qui marchait à leur suite, y répondit par des acclamations. Or, cette position semblait alors menacée plus qu'elle ne l'avait été à aucun autre moment de la révolution : il venait d'être prouvé par la chute d'un trône (et cette preuve était sans doute suffisante), qu'il n'était donné à aucun pouvoir de se maintenir avec les conditions du gouvernement *dit* représentatif; et *la liberté de la presse* était la première de ces intolérables conditions. Il arriva en outre, et presque immédiatement, que cette liberté, déjà si fortement compromise dans l'ordre politique, ne le fut pas moins dans l'ordre religieux,

---

parti fort au dessus de celle de Bossuet et de Démosthènes, et le *Moïse* de M. de Châteaubriand à côté d'*Athalie!* J'ai lu cela, *écrit en toutes lettres*, dans deux de leurs journaux.

ayant été solennellement déclarée par le Chef de la Chrétienté
« *une liberté anti-sociale, anti-chrétienne, pour laquelle on ne
saurait avoir trop d'horreur.* » Or, c'étaient là sans doute d'assez
grands embarras.

Le dernier de ces embarras (qui eût semblé insurmontable et
même de nature à décider sans retour la question pour certains
catholiques, qui pensent que faire des phrases sur la religion,
ou pratiquer la religion , sont deux choses fort différentes)
était celui qui les arrêta le moins. L'Encyclique de 1832 fut
considérée par eux comme *non avenue ;* et il fut convenu qu'a-
près en avoir donné *forcément* le texte, ou quelques frag-
mens du texte, sans réflexions ni commentaires, on emploie-
rait dorénavant à son égard la mesure du *silence absolu* (1) ;
cette grande mesure, au moyen de laquelle tout en réclamant
pour tous le droit *imprescriptible* de parler, les hautes puissances
alliées du journalisme exercent en effet la tyrannie de la parole

____

(1) Cette tactique du *silence* est tellement considérée par eux comme
loi fondamentale et conservatrice du monopole qu'ils ont usurpé sur
les intelligences, qu'ils n'ont pu se décider à la violer même à l'occasion d'un document de la plus haute importance (la Protestation
de Don Miguel), parce qu'il avait été publié pour la première fois dans
Brid'oison et dans la *Gazette du Lyonnais*. A l'exception de l'*Écho
français* , aucuns journaux, ni libéraux, ni légitimistes, ne l'ont alors
répété ; et même il est arrivé que l'*Écho*, ce journal-machine, qui
ne se compose que de lambeaux dérobés à ses confrères , et qui est
dans l'obligation , pour légitimer ses emprunts, de citer les noms de
ceux à qui il emprunte, cette fois (admirez l'instinct révolutionnaire !)
et par une exception peut-être unique, n'a pas fait connaître la source
où il avait puisé ce document.

Il résulte de ce silence, que la protestation du roi de Portugal , reconnue comme authentique dans son royaume et dans toute l'Europe,
est demeurée long-temps presque ignorée en France. Or , toute la
France l'aurait connue, si elle eût été publiée d'abord par les *bons
amis* des journaux légitimistes , tels que la *Tribune* ; le *Courrier* , le
National, etc.

envers et contre tous, se débarrassent des argumens sans réplique qui leur sont adressés, se justifient des mensonges dont
elles ont été atteintes et convaincues; maintiennent comme des
vérités les âneries historiques, politiques, philosophiques, dont
elles font journellement une consommation si prodigieuse; en
un mot, se délivrent de tous censeurs incommodes qui pourraient exciter de la part de leurs lecteurs une curiosité dangereuse. Ainsi faisait, au siècle dernier, le parlement dans ses que-
relles avec le clergé de France, et dans ses iniquités à l'égard
de la Compagnie de Jésus : il faisait brûler publiquement les
écrits auxquels il lui était impossible de répondre. C'est dom-
mage que l'on ne brûle pas aussi facilement les Encycliques, et
que nos journalistes parlementaires ne composent pas un parlement! ils auraient trouvé un moyen plus expéditif d'apprendre
à vivre au Saint-Père, et lui auraient alors *chaudement* répondu.

L'embarras était plus grand du côté du pouvoir temporel, le
problème à résoudre étant de le décider à rentrer dans le gouvernement représentatif, et par conséquent à se replacer sous les
aimables lois de la liberté de la presse, qui en est, je l'ai déjà
dit, la conséquence nécesssaire. Les chefs, en hommes habiles et
expérimentés, ou du moins qui croyaient l'être, examinèrent
soigneusement la position avant d'entamer cette campagne pé-
rilleuse. Se rappelant tout ce qui avait été osé avant les *glo-
rieuses*, en bravades, en insolences, en injures, en complots,
en indignités de tout genre, contre le pouvoir monarchique, réduit dans de telles extrémités à l'alternative de périr ou de se-
couer ce joug avilissant et insupportable; se rappelant encore les
trahisons qui, dans la fatale semaine, lui avaient enlevé une
victoire, sans elles si facile et si sûre; se rappelant enfin les événemens qui avaient suivi, plus odieux s'il est possible, et surtout plus ignobles, tous les traîtres ayant alors jeté leur masque
et s'étant glorifiés hautement de leur infamie, ils ne pouvaient
se dissimuler que, de tant d'attentats réunis, était sortie une lumière qui avait mis en évidence, aux yeux des royales victimes,

le vice radical d'un système de gouvernement , politiquement absurde et dégradant, religieusement pire encore, puisqu'il venait d'être déclaré *anathème* devant Dieu ; que l'impression était profonde, et qu'à l'égard des chefs de l'auguste famille, de nouvelles déceptions devenaient impossibles. Les choses en étant à ce point, ils firent audacieusement, et sans que rien les y autorisât, deux parts de cette famille, dernier espoir de la France : l'épithète blasphématoire de roi PARJURE sortit de la bouche *chevaleresque* de celui qui s'était fait le chef suprême parmi les chefs de la conspiration légitimiste (1) ; ces nobles défenseurs de la légitimité revendiquèrent *l'abdication* comme chose qui leur appartenait plus encore qu'aux révolutionnaires ; et en même temps qu'ils insultaient du côté où il y avait résistance invincible contre leurs séductions, ils prodiguaient l'adulation jusqu'à l'extravagance du côté où ils croyaient qu'était la faiblesse, et où ils espéraient abuser de l'inexpérience. On s'indigne, lorsqu'on se retrace tout ce qu'ils ont fait en ce genre et tout ce qu'ils essaient encore de faire.

Puis s'étant tournés du côté des royalistes qui , dans leur consternation, maudissaient le représentatif et sa presse , causes fatales d'une si funeste et si honteuse catastrophe, et qui se réfugiant dans l'ancienne monarchie, allaient également leur échapper et les laisser ainsi isolés au milieu du monarque et des sujets, ils reprirent l'ancien thème du *Conservateur*, qui n'était lui-même, du moins dans les articles de son fondateur, que le commentaire de sa *Monarchie selon la charte* : ils en ressassèrent tous les argumens pour leur démontrer que non-seulement le gouvernement représentatif était bon en lui-même, mais qu'au point où en était la société en France, ce gouvernement y était le *seul* possible ; et en même temps ils

---

(1) En prononçant ce mot odieux et insolent, cet homme est allé plus loin que les libéraux eux-mêmes, qui, du moins, se sont depuis rétractés sur ce point.

firent *chorus* avec les libéraux contre *les rois imposés par les baïonnettes étrangères.* « Point de guerre civile, point de guerre étrangère, un roi rappelé par le vœu unanime de la nation (consultée sur ce point en élections générales), qui revient simplement comme un Français de plus, mettre le comble à tant de prospérités » : tel était le riant avenir qu'ils leur présentaient. On était ébranlé, on aurait voulu être persuadé ; mais le passé (et un passé presque présent) laissait encore bien des nuages dans les esprits ; et se livrer de nouveau au hasard de ces perfides utopies, c'était pour le plus grand nombre jouer pour la dernière fois les destinées de la France. C'est alors qu'un journal de malheur (1) conçut cette imagination (qui ne serait qu'inepte ou folle si une combinaison profondément hypocrite n'y avait présidé) de l'incarnation des lois *fondamentales* de la monarchie française dans le gouvernement représentatif, et *vice versâ*; et ce qui semble à peine croyable, il put sérieusement, ou du moins avec les apparences du sérieux, faire faire à ses lecteurs un cours de vieux Capitulaires, de vieilles Chartes, de vieilles Ordonnances, à l'effet de parvenir à cette démonstration : que des Etats-généraux composés de trois Ordres qui s'assemblaient deux ou trois fois par siècle, quelquefois moins souvent, étaient exactement la même chose qu'une chambre de *soi-disant* représentans, qui vient de six en six mois, *avocats en tête,* prendre sa part du pouvoir, c'est-à-dire régenter ou insulter le pouvoir,

---

(1) Une chose qui avait long-temps passé ma compréhension, c'était de voir le gouvernement de juillet poursuivre la *Gazette de France* comme il poursuit les autres journaux de l'opposition, ne lui épargnant au besoin ni les amendes, ni la prison. Or, si l'on considère cet art qu'elle a eu d'endormir tant de royalistes et de les jeter hors de leur véritable route comme des gens à moitié ivres, au lieu d'amendes et de prison, c'étaient des primes d'encouragement que lui devait l'ordre de choses, nul journal ne l'ayant jamais mieux servi. Avoir fait semblant de ne pas s'en apercevoir est une de ses roueries, et peut-être de toutes la plus savante. J'ai fini par le comprendre.

avec faculté de le renverser quand il a eu le malheur de déplaire aux susdits avocats et autres parleurs à leur suite, ce qui doit immanquablemennt arriver, s'il n'a lui-même à sa suite une bonne armée, à l'effet de couper la parole à la *cohue* représentative (1); et ce qui place tout juste et continuellement le pays entre l'anarchie et le despotisme militaire : car c'est là tout le *représentatif*, ou je ne m'y connais pas.

II.

Abyssus abyssum invocat.
Ps. LXI, 8.

Notre nation si vaniteuse, qui se complaît en elle-même plus peut-être qu'aucune autre nation du monde, et chez qui cette disposition, mauvaise en soi, pouvait jusqu'à un certain point sembler excusable dans ces temps déjà éloignés où elle était à la tête de la civilisation, est loin de se douter qu'elle est devenue depuis environ cinquante ans, et malheureusement à juste titre, un objet de risée pour tout étranger qui a conservé le sens, et que les plus habiles sont justement ceux qui l'accablent de plus de sarcasmes et de mépris.

J'en citerai un exemple fait pour lui causer quelque confusion, et je le trouve dans les écrits d'un des plus beaux génies du siècle, d'un homme qui, en même temps, n'avait point assez de larmes pour déplorer un aveuglement dont les conséquences,

---

(1) J'emprunte au Cardinal de Retz cette expression aussi juste qu'énergique. On sait qu'il appelait la chambre des enquêtes, composée des parleurs les plus bruyans du parlement, « *la cohue des enquêtes.*

si long-temps funestes à l'Europe, la menaçaient encore de
nouvelles calamités. « Une grande et puissante nation, dit-il,
» vient de faire sous nos yeux le plus grand effort vers la liberté
» qui ait jamais été fait dans le monde : qu'a-t-elle obtenu ?
» Elle s'est couverte de ridicule et de honte pour mettre enfin
» sur le trône un gendarme corse à la place d'un roi français,
» et chez le peuple, la servitude à la place de l'obéissance. Elle
» est tombée ensuite dans l'abîme de l'humiliation, et, n'ayant
» échappé à l'anéantissement politique que par un miracle
» *qu'elle n'avait pas le droit d'attendre*, elle s'amuse sous le joug
» des étrangers (ceci, selon la remarque de l'auteur, était écrit
» en 1817.) à LIRE *sa charte*, sur laquelle d'ailleurs *le temps n'a*
» *pu s'expliquer.* »

Ainsi s'exprimait l'illustre comte de Maistre aux premiers
jours de la restauration (1); et treize années, qui ne sont qu'un
moment dans la vie des nations, étaient à peine écoulées, que
le temps *s'était expliqué*, que déjà la charte *immortelle* avait été
réduite en poudre, le trône des Bourbons renversé, l'abîme
des révolutions rouvert, sans qu'il soit possible de prévoir
quand il se refermera, et surtout comment il pourra être re-
fermé.

Je ne puis m'empêcher d'éprouver un sentiment qui ressemble
beaucoup à ceux que je viens d'exprimer, quand j'entends de
pauvres royalistes, bonnes gens d'ailleurs et parfaitement bien
intentionnés, qui, gémissant sur les funestes événemens de
1830, trouvent en même temps à jamais regrettable que le roi
ait publié les ordonnances et VIOLÉ la charte : « S'il l'eût respec-
pectée, disent-ils, il serait encore sur son trône »; et cette
considération profonde est accompagnée de lamentations qui
surpassent en tristesse celles de Jérémie.

Sans examiner ici si Charles X n'était pas dans son droit
légal en publiant ces fameuses ordonnances, ce qui d'abord a été

---

(1) *Du Pape*, T. I, p. 217. Édit. de 1821.

nié impudemment et ensuite solennellement reconnu par ses ennemis les plus acharnés ; sans examiner encore si ce n'est pas faire la satire la plus sanglante de la loi fondamentale d'une monarchie, que d'être forcé de convenir qu'il existe une puissance ou visible ou occulte, à qui il appartient de juger de la légalité ou de l'illégalité des actes royaux, et de prononcer la déchéance du monarque si un seul de ses actes lui a semblé illégal, je vais plus loin, et, renversant la proposition, je soutiens « que les Bourbons ne sont tombés du trône que parce qu'ils » ont été trop fidèles et trop scrupuleux observateurs de cette » charte insensée. »

Un article de journal n'est pas un volume, et un volume suffirait à peine pour expliquer, même sommairement, comment au dix-huitième siècle la France s'engoua du gouvernement dit *représentatif*, dont jusqu'alors l'Angleterre, et par extension les Etats-Unis d'Amérique, avaient eu la propriété exclusive. Puis il faudrait un autre volume pour développer les causes secondaires qui l'introduisirent dans cette France, dès long-temps préparée à le recevoir, c'est-à-dire dès long-temps préparée à tous les genres de révolte. Enfin un troisième volume serait encore nécessaire pour faire comprendre comment ce principe de dissolution sociale, long-temps neutralisé au lieu de son origine par une aristocratie puissante, qui, après y avoir introduit l'élément populaire en haine de la monarchie, se voit aujourd'hui menacée de périr dans les embrassemens de ce terrible auxiliaire ; comment, dis-je, le gouvernement représentatif, n'ayant pas rencontré au milieu de nous cette force *temporairement* conservatrice d'une noblesse *politique*, s'y trouva dès le premier moment au point où, après un siècle et demi, il va se trouver en Angleterre, c'est-à-dire enveloppé de toutes parts par une grande démocratie, à qui ni la royauté qu'elle énervait, ni une noblesse devenue dès long-temps purement *honorifique*, n'offraient d'obstacles qu'elle ne pût en quelque sorte balayer devant elle. En effet, blessée dès l'abord et mortellement par les attaques anarchiques de la

Constituante et de la première assemblée constituée, la royauté
tomba morte sous la hache de la Convention, dans la personne
du roi qui en était l'expression vivante. Ce fut ensuite un
spectacle effroyable de voir cette Convention, dernière expression de l'anarchie, devenir en peu de mois comme un champ de
carnage, où les partis s'acharnaient les uns contre les autres,
se déchiraient entre eux avec la rage de l'extermination. « La
» révolution est comme Saturne, disait un des factieux du
» parti vaincu, qui venait d'être proscrit par les factieux du
» parti vainqueur (1) : elle dévore ses enfans. » Cependant un
instinct féroce, qui était celui de la conservation, poussait en
même temps cette assemblée de brigands à créer un centre d'action qui comprimât, par des excès contraires, les excès inouïs
d'une licence débordant de toutes parts autour d'elle, et dont
elle allait elle-même devenir la proie : c'est ce qu'elle fit avec
une énergie et une audace qui épouvanteront la dernière postérité, dès qu'elle fut parvenue à rendre prépondérante au milieu d'elle l'unité de certaines passions et de certaines volontés.
Sur les cadavres des chefs du parti *Girondin*, le parti dit de la
Montagne fonda le Comité de salut public; le Comité de salut
public créa les armées révolutionnaires, mit la terreur à l'*ordre
du jour*, se fit comme un jeu de renverser la liberté de la presse ;
et la France se trouva tout à coup, et au milieu des angoisses
d'une stupéfaction qu'aucune langue ne saurait exprimer, cour-
bée tout entière sous le fer de la guillotine. Au premier signal
de ceux qui la décimaient, elle s'arma pour repousser l'étranger; et les fils dont les pères mouraient sur l'échafaud se firent
tuer sur le champ de bataille au profit de leurs bourreaux.
Ainsi (et je frissonne en le disant) était GOUVERNÉE cette France
malheureuse, l'anarchie ne pouvant ni créer ni supporter une
autre forme de GOUVERNEMENT; et cela est si vrai, que lorsque les
tyrans conventionnels, renversés par leurs propres fureurs,

---

(1) Le ministre Clavière.

eurent été remplacés par d'autres tyrans plus faibles de caractère, moins atroces par position, offrant dans le régime ignoble du Directoire un mélange du plus lâche arbitraire et des
saturnales les plus effrénées, tous les symptômes de dissolution sociale reparurent, et sous l'aspect le plus effrayant. Cependant, tandis que s'entrechoquaient au centre la tyrannie
et l'anarchie, aux extrémités la guerre organisait fortement le
despotisme militaire; et lorsque le moment fut venu de la dernière confusion de tous ces élémens de haine et de discorde, la
France, et plus honteusement qu'il n'était arrivé à la République
romaine, devint la proie d'un aventurier qui n'était pas même
un soldat français.

C'est une expression très-juste que celle qui a appelé Buonaparte « la révolution incarnée. » Il ne lui appartenait pas,
plus qu'à aucune autre force purement humaine d'en détruire
le germe satanique qui a sa racine dans le fond des cœurs :
c'est l'affaire du ciel ; mais il en sut régulariser temporairement
le désordre moral en l'accablant sous le poids de l'ordre ma-
tériel de ses baïonnettes ; et l'on crut qu'il *gouvernait*, lorsqu'avec
des moyens différens il ne faisait lui-même que *comprimer*.
Ainsi offrit la France toutes les apparences d'un corps fortement organisé où il y avait vie et action régulière, lorsqu'elle
n'avait pas cessé d'être ce que révolutionnairement elle avait
toujours été : un mélange confus d'intérêts opposés, de passions furieuses, de haines politiques, de partis irréconciliables,
c'est-à-dire une société qui renfermait en elle-même tous
les germes de mort. Elle était encore à tel point révolutionnaire et jusqu'au fond de ses entrailles, que tout fort qu'il
était, cet homme, en même temps qu'il la muselait, ne crut pas
l'être assez pour lui ôter ses formes anarchiques et démago-
giques : il lui laissa ses corps délibérans qui ne délibérèrent
point ; l'arène des parleurs populaires, dite *Tribune*, demeura
debout, à condition qu'on n'y parlerait point ; la presse fut
libre, mais elle sut apprécier ses libertés en se faisant, par ses
viles adulations, plus esclave encore qu'on ne le lui avait de-

mandé. Tandis que la centralisation administrative transportait en quelque sorte la France tout entière dans Paris, et la parquait dans l'enceinte de la bureaucratie ministérielle, la police, poussée à des raffinemens jusqu'alors inconnus, s'insinuant de toutes parts dans la masse des populations, y produisait par une sourde terreur l'isolement complet des individus, et détruisait même jusqu'à la pensée de la résistance, en même temps que partout les gendarmes étaient prêts à seconder l'action de la police ; enfin les principaux révolutionnaires, devenus grands seigneurs, quittant les sabots pour les talons rouges, la carmagnole pour des habits brodés, se faisant appeler ducs, comtes et marquis, de *Brutus*, de *Gracchus* et de *Scévola* qu'ils avaient été ; tel fut le complément et comme le couronnement de cette quatrième époque de la révolution, où la France fut changée en *chair à canon* et mise en coupe réglée ; époque pour laquelle on n'avait pas alors assez d'exécration, pour laquelle on n'a pas eu depuis assez d'admiration, et de laquelle il est vrai de dire que, tout odieuse qu'elle était, elle valait infiniment mieux que ce qui l'avait précédée. C'était là du moins du despotisme de bon aloi, sans aucun mélange hétérogène ; et chacun, sachant à quoi s'en tenir, pouvait régler son plan de conduite en conséquence, et, après avoir vécu *fier et libre*, vivre paisiblement en courbant le dos.

Ainsi fut connu des vrais adeptes le secret du gouvernement représentatif, qui ne représente rien, qui n'a jamais rien représenté, qui n'est en lui-même qu'un problème insoluble, si l'on n'en sait faire à la fois une hypocrite et impudente déception. Comme déception, il avait servi à élever Buonaparte ; comme théorie impraticable, il devait nécessairement renverser les Bourbons, si l'on parvenait à obtenir de leur loyauté qu'ils consentissent à le mettre en pratique. D'un côté, cette intrigue fut nouée à l'instant même où ils parurent en France ; de l'autre, cette faute fut commise ; et la révolution, d'abord consternée de la chute du tyran, reprit courage, sûre qu'elle était de voir la société retomber avant peu

2

entre ses mains au moyen de cet infernal *représentatif*. Or, ce ne sont pas là des faits historiques que nous ayons reçus par des traditions incertaines, et qu'il est permis de contester ; c'est ce que nous avons vu de nos propres yeux, en quelque sorte touché de nos propres mains, c'est ce dont l'impression est à jamais ineffaçable. Grâce à la liberté de la presse, exercée pour la première fois dans toute sa plénitude, une royale famille que la Providence nous avait rendue par un miracle inespéré de miséricorde, devant laquelle la France entière s'était précipitée avec des transports ineffables de joie, cette famille auguste, gage de la paix que nous avions obtenue de l'Europe victorieuse et s'apprêtant à nous rendre tous les maux que nous lui avions faits, gage d'une prospérité intérieure toujours croissante et de toutes les conditions qui pouvaient en assurer la durée, se vit d'abord l'objet d'un sourd mécontentement, puis d'une haine qui, s'accroissant par degrés au sein d'une population nourrie de mensonge et de fiel par ses démagogues, et corrompue jusqu'à la moelle des os par l'inondation de livres impies au milieu desquels elle se trouva tout à coup submergée, avait fini par devenir comme une espèce de fureur, fureur qui se tournait en rage chaque fois qu'une censure impuissante et maladroite essayait d'atténuer *pour un temps* l'action irritante et corrosive de ses agitateurs. La centralisation administrative, ce levier si puissant dans les mains du Corse, demeurée après lui « comme machine administrative » PARFAITE, disait-on, dans sa spécialité et de *nulle impor- » tance politique »*, demeurée, dis-je, entre les mains qui l'avaient fait mouvoir à son profit, devint contre le roi de France une machine à complots ; et tandis qu'on s'en servait traîtreusement pour miner sous lui le terrain, tout ce que cette forme de gouvernement avait d'odieux et d'arbitraire lui était imputé. Il avait une police ; mais c'était à vexer, à calomnier, à lui rendre suspects ses plus fidèles serviteurs qu'elle était employée ; au moyen de quelques lois absurdes et perfides, décrétées dans des assemblées composées en partie de traîtres

et d'idiots, dont les uns ne pouvaient en saisir la portée, dont
les autres n'en comprenaient que trop bien les conséquences,
on faisait naître le découragement et l'exaspération dans l'ar—
mée, on en expulsait par degrés cette fleur des familles roya—
listes qui d'abord en avait grossi les rangs, et, sauf cette petite
portion de soldats éprouvés dont le monarque était entouré et
qu'on n'avait pu encore entamer, tout le reste cessa de lui ap—
partenir, ce qui était le point capital et devint comme l'arrêt
de mort de la monarchie. La majorité même qu'une certaine
force des choses lui avait peu à peu formée dans les chambres,
bien qu'elle n'osât, soit par timidité, soit par sa propre ineptie
et par celle des petits hommes d'affaires, soi—disant grands
hommes d'état, qui la dirigeaient, peut—être même par ces deux
causes réunies, toucher à aucune de ces lois monstrueuses
arrachées à une première surprise, et qui compromettaient si
évidemment l'existence même de la royauté, cette majorité,
tout en se traînant misérablement sur les détails du budget et
de quelques réglemens secondaires, n'en fut pas moins insul—
tée, bafouée, conspuée journellement par la presse (et par
cela même qu'elle ne prenait que des demi-mesures, elle de—
vait l'être), pour tomber au milieu des sifflets et des malédic—
tions. Dans la succession des pouvoirs sortis de la révolution,
le roi légitime fut le premier pouvoir contre qui tourna cette
déception de la majorité, qui, dans le système représentatif, est
le gouvernement lui—même, et bientôt il se trouva SEUL vis à
vis de la majorité révolutionnaire, c'est—à—dire au milieu des
conspirations et de toutes les *légalités* qui l'empêchaient d'attein—
dre et de frapper les conspirateurs. Ce fut ainsi qu'à la face
des Bourbons, victimes de la loyauté qui les forçait à marcher
dans les voies anti—monarchique où ils avaient été d'abord
entraînés, on démembra pièce à pièce la monarchie sans sor—
tir de l'ordre *légal*, et qu'ils furent enfin renversés, parce
qu'au lieu de prendre un parti décisif, de trancher au vif
la question en faisant arrêter *extra-légalement*, comme dit

(20)

le doctrinaire Guizot (1), et Guizot lui-même et les autres
chefs bien connus du complot, ils crurent que, même en em-
ployant des moyens extrêmes, c'était *légalement* qu'ils devaient
les employer.

III·

*Qui fodit foveam incidet in eam ; et qui
volvit lapidem, revertetur ad eum.*
PROV. XXVI, 27.

Je vais essayer de pénétrer plus avant au fond de ces
abîmes.

Il est évident que les chefs de cette conspiration, qui fut or-
ganisée contre les Bourbons au moment même où ces princes
rendus à la France eurent le malheur d'accepter, dans le gouvernement dit *représentatif*, toutes les conséquences de la révolution telle qu'elle avait été lorsqu'elle marchait sans obstacle
vers l'anarchie ; il est évident, dis-je, que ces hommes, que
je mets au nombre des plus grands coupables qui aient jamais
existé, furent extrêmement déconcertés par la publication des
ordonnances, lesquelles dérangeaient entièrement le plan qu'ils
s'étaient tracé, et les jetaient dans les voies d'une insur-
rection populaire que les plus habiles d'entre eux voulaient
surtout éviter. Ce qu'ils voulaient, c'était un changement
dynastique au moyen d'une révolution de Palais faite à l'orien-

------

(1) « Il faut que le fait *extra-légal* de *juillet* soit dominé », disait dans
un de ses discours ce ridicule inventeur de la *quasi-légitimité*, devenu
depuis l'auteur atroce *des ordres* IMPITOYABLES. *Et fruitur Diis iratis ?*
« Mais, attendons la fin. »

tale, tellement que , le souverain légitime et sa famille ayant disparu, un chef militaire se serait aussitôt montré sous un titre quelconque (ils n'étaient encore d'accord entre eux , ni sur ce titre , ni sur le caractère à donner à ce chef), et, devenu maître *par l'armée*, se serait immédiatement servi, et sous leur influence, de cette force irrésistible si méthodiquement enlevée à la famille dépossédée, pour refouler le peuple dans ces dernières limites sociales d'où ils l'avaient si astucieusement fait sortir, puis reprendre alors la suite, interrompue par la restauration , du système Napoléon, moins les *Victoires et Conquêtes* qui avaient désolé l'Europe et qui l'épouvantaient encore, Ils se croyaient sûrs de la tranquilliser par les apparences d'ordre que le régime des baïonnettes établirait en France à l'instant même où la révolution dynastique aurait été accomplie ; de lui prouver ensuite que, dans la position qu'ils avaient prise et dans les intérêts de cette position, un second Buonaparte était impossible ; d'achever enfin *diplomatiquement* la consolidation de leur système ; car la diplomatie est l'auxiliaire le plus actif, le plus puissant et le plus officieux que la révolution ait rencontré dans toutes les phases de son existence, et dès le commencement. Quel était le chef dont ils devaient faire comme le point central de cette grande machination politique ? Je l'ignore ; mais ils ne pouvaient et ne voulaient le tirer que de la famille de l'usurpateur, et au refus de tel ou tel de ses membres, ils se seraient adressés à tel ou tel autre (1).

____

(1) Déjà sous la restauration, ils avaient plusieurs fois voulu entamer des négociations préparatoires à ce sujet. Des offres indirectes furent faites d'abord à l'archiduchesse Marie-Louise : on sonda ses dispositions; on chercha à intéresser son amour-propre maternel, et à s'assurer par elle du consentement et de la coopération du duc de Reichstadt son fils. Mais le refus constant de cette princesse, et surtout l'inébranlable fermeté de la cour d'Autriche à repousser toute proposition de ce genre, forcèrent les buonapartistes à porter leurs vues sur un autre membre de la famille. De là, pour le remarquer en passant, la haine furibonde des écri-

Tel était, dis-je, le plan des plus habiles, et ces habiles, j'aurai bientôt occasion de les faire plus particulièrement connaître. Toutefois, pour assurer le succès de leur entreprise, ils avaient été forcés d'admettre dans leurs conseils quelques uns des chefs les plus influens du parti républicain, espèce d'hommes qu'ils caressaient en même temps qu'ils les prenaient en pitié et en mépris, bien résolus qu'ils étaient de s'en débarrasser après la victoire; qu'ils caressaient, dis-je, parce qu'ils ne pouvaient sans danger les laisser organiser *seuls* une conspiration qui eût été purement populaire, tandis que, sous leur direction, ces dupes d'une folle utopie avaient mission d'émouvoir le peuple jusqu'à ce degré où il fallait qu'il parvînt pour aider à renverser le trône, et être immédiatement après comprimé, si, partant de là, il tentait de se précipiter dans l'anarchie. Ce plan, qui, humainement parlant, et en supposant que la Providence ne se mêle pas des affaires de ce monde, était fortement conçu, présentait en même temps des chances de succès presque assurées, dès qu'un ministère, composé des principaux meneurs, aurait mis la dernière main à l'ensemble des mesures depuis long-temps prises ou préparées, tant dans l'armée que dans l'administration; et ce ministère, ainsi que toutes les lois désorganisatrices dont on pouvait avoir besoin, on était sûr de les obtenir de la majorité également conspiratrice que l'on était parvenu à se faire dans la chambre, c'est-à-dire des factieux 221. Tout allait donc bien, lorsque parurent tout à coup ces ordonnances à jamais mémorables, sans lesquelles, je ne crains pas de le dire, contrariant ainsi toutes les idées reçues, *la royauté était à jamais perdue en France.* Ce fut comme

---

vains de ce parti pour l'*étranger* et surtout pour le *perfide* cabinet autrichien. Si ce cabinet eût voulu seconder leurs complots, c'est-à-dire les aider à détrôner le Roi de France, ces hommes *éminemment Français* n'auraient pas trouvé d'expression assez *nationale*, de louange assez *patriotique* pour célébrer la *loyauté* de l'empereur François et de son premier ministre.

un coup de foudre qui renversa tout cet échafaudage d'hypocrites iniquités.

Tout ce qui se passa alors dans leurs conciliabules est connu :
on sait que, forcés qu'ils furent, et au gré des chefs républicains qui avaient pris brusquement l'initiative, d'engager la
lutte par le soulèvement de la populace, moyen incertain en
lui-même, et que, par les considérations que je viens de retra-
cer, ils voulaient surtout éviter ; on sait, dis-je, qu'ils se
rattachèrent encore, de tout ce qu'ils avaient de souplesse et
d'astuce, à leurs plans primitifs, et que, dans leurs négociations avec la royauté, ils ne demandaient pour calmer l'émo-
tion populaire que les concessions qui, plus tard, leur auraient permis de rentrer dans les voies moins périlleuses d'une
conspiration *représentative*, et d'en obtenir tous les avantages
qu'ils se promettaient de la chute des Bourbons, moins ses
inconvéniens. Mais au milieu des barricades, où ils se donnaient
bien de garde de paraître, s'accroissait de moment en moment l'ascendant de ces chefs républicains jusqu'alors en sous-
ordre, poussés qu'ils étaient eux-mêmes par la multitude
stupide et exaspérée qui s'était précipitée sur leurs pas, et
du reste exaltés par les signes manifestes d'une victoire à jamais inexplicable, si la trahison ne nous aide à l'expliquer.
C'est par ceux-ci (et le ciel en soit béni !) qu'on refusa avec
hauteur ce que l'on avait d'abord proposé soi-même d'un ton
presque suppliant, le renvoi des ministres et le retrait des ordonnances (1), puis ensuite mille fois plus que l'on n'eût jamais eu l'insolence de demander, ces deux ABDICATIONS « aux
légitimistes si chères », et avec elles la personne même d'un

____

(1) *Il est trop tard*, répondit niaisement le grand niais du siècle, La
Fayette. Cette réponse devenue bientôt populaire, a depuis été attribuée
à M. Laffitte qui, en sa qualité d'homme intègre, aurait dû la restituer à
son auteur. Le célèbre banquier a *fait* dans cette circonstance assez de
sottises, sans prendre encore pour son compte celles que son honorable
collègue a *dites*. *Suum cuique*.

royal enfant ; dernier rejeton « de cet arbre *presque* séché jusque dans ses racines », otage que rien pour eux ne pouvait
remplacer, gage assuré de tout ce qu'il leur plairait désormais
d'entreprendre pour assurer leur triomphe, tendre fleur qu'ils
auraient essayé de flétrir de leurs poisons, ou (chose horrible à dire) qu'ils auraient immanquablement fait disparaître
au milieu d'une de leurs tempêtes politiques, si, malgré leur
culture, ses fruits avaient trompé leur espérance ; précieux
enfant devenu l'amour et l'espoir de l'Europe, et dont ils se
seraient servi pour la tranquilliser dans le présent et la bouleverser dans l'avenir. Ce don qui leur fut offert dans un de ces
momens de trouble qui ne laissent pas de temps à la réflexion, ils le refusèrent par un aveuglement incompréhen-
sible ; et l'enfant emporta avec lui la fortune de la France,
pour un jour la lui rapporter : ô Providence ! « ce sont là de tes
coups ! » (1)

Qu'on se représente maintenant ces lâches artisans d'intrigues

____

(1) Les factieux de Juillet comprirent bientôt l'énormité de la sottise
qu'ils avaient faite en plaçant sous la protection de l'exil le jeune prince
qu'ils auraient pu tenir sous leur tutelle corruptrice, et ils essayèrent de
revenir sur leurs pas. Déjà dans la 15ᵉ livraison de l'*Invariable* (Tome II,
pages 176-177), on a signalé les démarches faites dans ce but auprès
de la mère de M. le Duc de Bordeaux, lors de son séjour à Massa ; la
promesse qui lui fut donnée « d'opérer la fusion des royalistes et des répu-
» blicains sous un drapeau *tricolore-fleurdelisé*, de proclamer Henri V à
» cette condition, et à quelques autres encore non moins *monarchiques*,
» non moins *honorables* ; enfin comment l'avocat républicain M.....n
» fut employé à cette étrange négociation, et, pour lui donner plus de
» poids, trouva même le moyen de la faire passer par l'intermédiaire d'un
» diplomate étranger. » Nous ajouterons ici une circonstance assez
bonne à connaître : c'est que ce merveilleux plan présenté à la mère de
M. le Duc de Bordeaux, n'était autre qu'un vieux plan dès long-temps
rejeté par la mère du Duc de Reichstadt, et dans lequel, pour le ra-
jeunir et l'adapter à la nouvelle circonstance, on s'était borné à substituer Marie-Caroline à Marie-Louise, Henri V à Napoléon II, et les

politiques, combinant un bouleversement social comme on calcule une partie d'échecs, pressant, resserrant de toutes parts le roi qu'ils avaient graduellement isolé et dépouillé, s'enivrant de la joie de l'avoir bientôt réduit à cette position désespérée où l'on se rend à discrétion parce qu'il n'y a plus moyen d'avancer ni de reculer, puis tout à coup se trouvant eux-mêmes à peu près sans défense entre ces deux abîmes de la royauté vaincue et du parti républicain triomphant ! C'est là une position qui se peut à peine imaginer, et qu'il est presque impossible de décrire. Certes, ce n'était pas pour Louis-Philippe d'Orléans que, depuis quinze ans, conspiraient les napoléonistes ; et parmi les doctrinaires, il n'en était peut-être pas un seul qui pensât sérieusement à en faire le chef du nouveau gouvernement. Même en se rassemblant autour de ce prince pendant les jours de la restauration, l'opposition n'avait jamais essayé de le rendre populaire, et tout porte à croire que, se jouant alors de lui, elle n'avait eu d'autre dessein que d'affaiblir encore davantage la branche aînée en élevant contre elle la branche cadette, et en opposant ainsi Bourbons à Bourbons. Le parti du duc d'Orléans était donc le plus faible de tous, s'il est vrai de dire que le petit nombre de ses partisans pût s'appeler un parti ; flottant, incertain, ne se manifestant qu'à travers des voiles et par des messages furtifs, il n'agissait point, n'espérait que peu, et se reconnaissait à la merci d'événemens qui n'avaient été préparés pour personne, et qui dérangeaient ceux que l'on préparait pour un autre (1). Toute puissance était en ce moment entre les mains des chefs

---

fleurs-de-lis de S. Louis à l'aigle de Buonaparte ; c'est-à-dire que c'é-taient *les restes* de l'Empire qu'on servait à la Royauté, tant il est vrai qu'il y a toujours dans la bassesse des libéraux quelque chose d'insolent, et que lorsqu'ils vous baisent les pieds, c'est pour vous les salir.

(1) Veut-on une preuve nouvelle que c'était par un Buonaparte que la faction voulait remplacer ces Bourbons, dont le nom seul, synonyme de

républicains , qui , plus que des hommes lorsqu'il s'agit de détruire, c'est-à-dire au niveau de l'enfer, et au dessous de la
brute lorsqu'il s'agit d'édifier, ne savaient plus eux-mêmes
que faire de cette victoire remportée par les bras de cent mille
prolétaires , maintenant mourant de faim au milieu d'un
triomphe qui avait tari tout à coup les sources de leur indus-
trie nourricière ; demandant à grands cris ces biens qu'on

---

tout ce qui est juste et par conséquent anti-révolutionnaire, soulevait
jusqu'au fond de leurs entrailles les passions haineuses de ces misérables?
Je la trouve dans une lettre que Joseph Buonaparte écrivit à La Fayette
immédiatement après qu'il eut reçu, aux États-Unis, la nouvelle de la
révolution de 1830, et de l'élection du Duc d'Orléans. Dans cette lettre
rendue publique, il se plaint amèrement « de ce que le trône de France
» s'étant trouvé vacant et à peu près à la disposition de lui, citoyen La
» Fayette, il ait manqué à leurs anciennes relations d'amitié et d'hospi-
» talité , en ne faisant pas valoir les justes droits de sa famille audit
» trône, droits consacrés par les suffrages du peuple français, et qu'il ait
» préféré un Bourbon à un Buonaparte. » A ces plaintes, le héros des
deux mondes répond en substance et avec quelque embarras : « Qu'en
» effet, c'est un vilain nom que celui de Bourbon ; mais que malheureu-
» sement il sonne mieux aux oreilles des puissances étrangères que celui
» qu'a l'honneur de porter M. le comte de Survilliers , ci-devant roi
» d'Espagne ; que forcé, par *certaines considérations* dont il présente un
» court exposé, de *donner un roi* à la nation française au lieu de la
» constitution américaine dont il aurait préféré de beaucoup pouvoir
» la gratifier, il a jugé *prudent* de faire cette concession aux préjugés
» desdites puissances ; qu'il est fâché de n'avoir pu l'obliger en ceci ;
» que ce sera pour quelque autre occasion, etc., etc. »

Et la preuve encore que ce Joseph Buonaparte, soi-disant comte de
Survilliers, ne considère pas la partie comme entièrement perdue; qu'il
compte assez de partisans en France pour ne pas désespérer de l'avenir
de son *auguste* dynastie, c'est le message mystérieux qui lui fut apporté,
dans les premiers mois de 1833, par un individu qui, après avoir passé
trois jours avec lui sur la plantation qu'il possède aux environs de Phi-
ladelphie, repartit sans plus de retard pour la France ; puis les prépara-
tifs de départ que lui-même fit aussitôt pour Londres, où il est encore
attendant les événemens et soldant à Paris des journaux de l'opposition.

leur avait si long-temps promis au nom de la charte et de la révolte, et pour lesquels ils venaient de prodiguer leur sang; devant qui s'était désorganisée toute force militaire, et qu'un mot prononcé par quelque brigand subalterne pouvait précipiter dans le pillage de Paris. Attentifs à tout ce qui se passait, témoins de ces anxiétés qui croissaient d'heure en heure, les Orléanistes, qui d'abord avaient murmuré tout bas le nom de leur chef, osèrent le proclamer plus haut, se firent plus hardis à mesure qu'augmentait le trouble des vainqueurs, et bientôt les noms, depuis si prodigieusement ridicules, de *Jemmappe* et de *Valmy*, furent affichés avec le sien sur tous les murs de la capitale. Jetant les yeux autour d'elles, les factions effrayées et sur le point de se diviser, peut-être de s'entre-déchirer, reconnurent qu'elles n'avaient pas un moment à perdre, et qu'il fallait ou périr dans les convulsions de l'anarchie, ou se saisir, ne fût-ce que pour un temps, de cette planche qui seule surgissait au milieu d'un naufrage si terrible et si imprévu. Elles s'y cramponnèrent donc; le patriarche hébété des institutions américaines, qui, ayant passé sa vie à conspirer au profit des autres, était moins que jamais de force à tirer parti pour son propre compte d'une conspiration quelconque, fut, parmi ceux que l'on appelait républicains de *bonne foi*, le premier entraîné ou mystifié comme cela devait être, et se trouva lui-même trop heureux, pour se délivrer de la présidence de la république qu'allaient proclamer les chiffonniers du faubourg Saint-Marceau, de se jeter dans les bras d'un roi *entouré d'institutions républicaines*, et qui était lui-même *la meilleure des républiques*. Ainsi, par l'invincible force des choses, triomphaient encore l'UNITÉ monarchique et les prestiges d'une famille royale, au milieu d'une tourbe de bandits politiques qui venaient de renverser la plus ancienne et la plus noble des monarchies.

Alors commencèrent des scènes d'un genre nouveau, telles que le monde n'en a jamais présenté de pareilles, et telles que probablement il ne s'en verra jamais. La *Marseillaise* chantée sur un balcon *royal*, les poignées de mains *citoyennes*, l'historique feutre gris, les promenades solitaires et patriotiques au milieu de Paris, les dîners plus patriotiques encore avec les épiciers et autres petits bourgeois de la ville et de la banlieue, déguisés en grenadiers et en artilleurs; un projet de charte nouvelle bâclée en moins d'une demi-journée par un imbécile nommé M. Bérard (1), et plus populacière qu'aucune de celles qui l'avaient précédée; l'effroyable licence des journaux qui, toutes digues renversées, débordait de toutes parts avec une frénésie jusqu'alors inconnue; la capitale désertée par les familles opulentes qui en faisaient la vie et la prospérité; l'armée prête à se disloquer par l'insubordination; l'influence prépondérante des chefs républicains dans les affaires; le jacobinisme, sorti de ses antres secrets, travaillant comme en 93 à la face du soleil; sa propagande qui, s'entourant déjà par-delà les frontières d'insurrections faites à point nommé, déroulait ouvertement le plan d'une lutte générale des peuples contre les rois, dans laquelle semblaient se combiner ensemble l'esprit de Buonaparte et celui de la Convention; tous les rois se préparant à ce combat à mort, et qu'on s'attendait à voir se précipiter les premiers sur cette France coupable et malheureuse, où leur présence eût compliqué tous les désordres et fait surgir tous les partis; l'émeute, devenue habitude populaire, vociférant des cris de mort sur la place du Luxembourg; profanant, dévastant, pillant à Saint-Germain-l'Auxerrois et à l'Archevêché, en pré-

---

(1) Oui, nous sommes descendus si bas, que l'on s'est adressé à un *quidam* nommé M. Bérard, à l'effet de construire l'édifice de la monarchie française, et que le papier barbouillé par le susdit *quidam* a été présenté à notre vénération et proposé à notre fidélité; d'où il résulterait que, de *progrès* en *progrès*, le royaume des fils de Saint-Louis a été menacé d'être gouverné, en fait de loi fondamentales, *de par Monsieur Bérard*. Après cela, faisons les fiers, donnons-nous des airs d'indépendance et de *grande nation* : certes, il y a de quoi.

sence d'une force armée impuissante, si elle n'était pas complice; la démagogie impatiente accusant déjà le gouvernement de faiblesse et de trahison, parce qu'il hésitait à se précipiter avec elle dans les abîmes de la guerre étrangère et à jouer son existence contre le bouleversement de l'Europe; puis, dans son impatience, organisant de nouveau ses bandes et appelant les vainqueurs de juillet à de nouvelles barricades : tout présentait dans ces premiers momens de plus hideux symptômes de dissolution sociale qu'à aucune autre époque de la révolution, sans en excepter celle du Directoire; et l'avenir de Louis-Philippe était compté, non par années, mais par semaines et par jours.

On calculait mal : les hautes et mystérieuses traditions de cette révolution, religieusement recueillies par ces hommes que l'on a justement appelés *doctrinaires*, parce qu'ils ont su en faire un corps de doctrine qui aurait fait reculer Machiavel; ces traditions, dis-je, trouvaient dans ces circonstances, même en apparence si désespérantes, tout ce qui était de nature à en favoriser les développemens et à en amener les plus sûrs résultats. Dès les premiers momens, le gouvernement, prenant une attitude guerrière dont les démagogues eux-mêmes avaient été dupes, avait demandé une organisation forte de l'armée; et à l'aspect de l'Europe en armes, non seulement on n'avait pas eu la pensée de la lui refuser, mais les milliards lui avaient été prodigués pour que rien ne manquât à cette organisation; un homme élevé dans les camps, et dont la grande habileté ne peut être contestée, en traça froidement le plan dans son cabinet, et l'en fit sortir par degrés dans toute la force de la discipline napoléonienne. Sous ce rapport, son maître lui-même n'eût pas mieux fait. Les anxiétés furent grandes jusqu'à ce que cette opération décisive eût été entièrement terminée : ce fut, comme on vient de le voir, le beau moment des républicains pour être insolens, furieux, rodomonts; pour le gouvernement celui de la patience et du redoublement des protestations hypocrites. Enfin on eut une armée : napoléonistes et doctrinaires, ne faisant plus désormais

qu'un cœur et qu'une âme, commencèrent à respirer ; ceux-ci
se chargèrent alors d'organiser une police digne de cette armée
formidable ; et les complots réels des républicains, combinés
avec les complots vrais ou imaginaires des prétendus carlistes,
légitimèrent cette création audacieuse d'instrumens de tyrannie,
qu'on eut soin de ne développer que peu à peu, au milieu d'une
polémique de tribune et de journaux où l'on savait montrer à
propos quelque hésitation, comme si l'on eût été patriotique-
ment dominé par les principes de juillet ; et ceci fut fait avec
tant d'art, que cette police enveloppait tout avant même que
l'alarme eût été répandue. Cependant les chefs du parti républicain étaient graduellement écartés du ministère, et même
on les ruinait *savamment*, sûr que l'on était de n'avoir plus
à redouter leur républicanisme lorsqu'ils auraient été débar-
rassés de leurs millions. Cette portion plate et stupide de la
bourgeoisie, qui depuis cinquante ans rêve l'égalité et la liberté
au profit de son orgueil, et leur accord parfait avec l'ordre et
la paix au profit de son égoïsme, s'était déjà livrée corps et âme
à un pouvoir qui lui présentait tant d'indices de force et
de volonté ; et se ruant, *cotes d'impositions à la main*, dans le
représentatif, elle lui fournissait une *majorité* compacte, inébranlable, imperturbable, prête à tout, au moyen de laquelle
il pouvait *ad libitum* allonger ou raccourcir la *charte-vérité*,
soit qu'il lui plût d'en supprimer les *légalités* qui lui semble-
raient incommodes, soit d'y ajouter telles ou telles autres *légalités* plus à sa convenance, sans préjudice d'un supplément
de plus de cent mille *légalités* déposées dans l'arsenal révolutionnaire par toutes les *majorités* précédentes, depuis la Convention jusqu'à nos jours, et qui ne lui laissaient que l'embarras du choix. Les procès politiques contre la presse devenaient
de jour en jour plus fréquens, et les condamnations plus
sévères ; le jury, depuis la création de cette belle institution, n'ayant jamais été autre chose que le très-humble ser-
viteur du pouvoir quand il est le plus fort, et *vice versâ*. Cependant l'opposition, dont les yeux s'étaient enfin ouverts,

poussait des cris de fureur contre un système qui enveloppait de toutes parts ce qu'elle appelait *les libertés du pays*, qui, donnant ainsi diplomatiquement des garanties à tous les pouvoirs absolus de l'Europe, et se procurant lâchement la paix extérieure *à tout prix*, semblait ne conserver une si puissante armée que pour faire à l'intérieur une guerre *liberticide* : on était déjà en mesure de ne lui répondre que par des paroles moqueuses ou dilatoires. La faction désespérée tenta de secondes barricades : on lui prouva en les renversant que les premières n'avaient réussi que parce que la trahison ou l'ineptie les avaient laissées debout. Ainsi commencèrent les héros de juillet à recevoir le juste prix de leurs exploits; et bientôt, ajoutant la dérision à la violence, au lieu de canons on employa des seringues, et les coups de canne remplacèrent la mitraille. Contre les associations républicaines, composées maintenant de populations entières, et qui deux ans plus tôt eussent tout renversé devant elles et tout exterminé, ce fut assez d'un simple calcul de boules blanches et noires, ou de l'assis et levé de la plus ignoble bande de parleurs qui ait jamais joué la comédie du *représentatif;* et ces associations s'évanouirent comme de la fumée. Je ne parle pas des derniers événemens si lamentables de Lyon, de la farce ridicule des troisièmes barricades, de l'horrible tragédie de la rue Transnonain : il y a quelque chose de si fou dans ces tentatives, de si atroce dans leur répression, de si inexplicable dans toutes leurs circonstances, qu'on a cru y voir une machination infernale de la police à l'effet d'obtenir ce double résultat, de créer entre le peuple et les soldats des haines furieuses, implacables, et de rendre désormais entre eux tout rapprochement impossible; puis de justifier le gouvernement de toutes les violences qu'il jugerait nécessaires pour *comprimer*, puisqu'il ne pouvait *gouverner;* car ainsi que l'a dit naïvement le sieur V..., le plus lâche et le plus impudent de tous ces sycophantes à la suite (et ce mot heureux peut être considéré comme la devise de tous les gouvernemens révolutionnaires nés et à naître) : LA LÉGALITÉ

NOUS TUE. Or, pour tout le monde, la question est de vivre :
primò vivere.

Répéterez-vous encore, journalistes de tous les partis, ce
que vous nous avez déjà dit et répété jusqu'à la satiété, jusqu'au dégoût : « que c'est vivre en parjure, en traître, en in-
» fâme, que de vivre à de semblables conditions, c'est-à-dire
» en violant les sermens les plus solennellement jurés, après
» s'être déclaré soi-même anathème si l'on manquait à la pa-
» role donnée, si même les effets ne passaient de beaucoup les
» promesses? » Prendrez-vous le ciel et la terre à témoin
que « jamais des actes d'hypocrisie plus profonde, de plus
» noire ingratitude, de plus détestable perversité, ne furent
» plus impudemment commis à la face du soleil? » Le grand
orateur des légitimistes continuera-t-il à tourner niaisement
dans ce cercle usé de toutes ses harangues parlementaires, savoir : « que le gouvernement de juillet est *en opposition* avec
» son principe ; qu'il était de son devoir d'en subir les consé-
» quences; et que c'est parce qu'il a prétendu s'y soustraire,
» qu'il a fait naître cette exaspération de haine dont il est, de
» toutes parts, environné? » Maintenant qu'il s'est fait seigneur
et maître, voici ce qu'a déjà répondu ce parti vainqueur dont on
feint de ne pas entendre la langue, ce qu'il répond chaque jour,
ce qu'il répondra jusqu'à la fin à tous les autres partis, et d'abord
aux hommes de juillet : « Oui, je me mets en opposition avec
» mon principe de mort, par cela même que je veux vivre et
» que c'est un principe. Vous avez cru à mes sermens, libéraux
» de toutes les nuances : cela était d'autant plus sot à vous, que
» le gouvernement auquel je succédais venait de se perdre
» pour avoir tenu les siens et avoir cru aux vôtres. Avez-vous
» donc pensé que le *représentatif* dont vous usez et abusez, de-
» puis cinquante ans que la France est entre vos mains cruelles
» et rapaces, changerait de nature en passant dans les mien-
» nes? Ne suis-je pas aussi un enfant de la révolution, initié
» à tous ses secrets, nourri et imprégné de toutes ses corrup-
» tions? Ne sais-je pas à quelles extrémités vous avait réduits

» votre victoire, quand vous avez adopté cette forme mo-
» narchique qui vous est si odieuse; et les conditions tacites
» que vous y mettiez, ne les ai-je pas parfaitement comprises?
» Si j'eusse été assez sot moi-même pour accepter un sembla-
» ble don tel que vous prétendiez me le faire, c'est-à-dire avec
» une chambre où vos orateurs auraient dominé une armée
» dont les chefs eussent été pris dans vos rangs, une presse
» dont rien n'eût pu arrêter les débordemens, où en serai-je
» maintenant? C'est dans le sang et dans la fange que vous
» m'eussiez fait expirer : c'est dans la fange et dans le sang
» que je vous tiens abattus. Soyons francs, entre nous vieux par-
» tis révolutionnaires et qui nous connaissons : citez-moi un seul
» des nôtres qui, parvenu au pouvoir dit *constitutionnel*, n'ait
» pas compris que, pour s'y maintenir, il fallait en violer toutes
» les conditions? Est-ce la Convention et le Directoire qui ont
» respecté les émeutes dans les rues, le foyer domestique, la
» vie et les biens des citoyens, la liberté de la presse, celle
» des assemblées délibérantes; et la force brutale ne leur a-t-
» elle pas fait raison de tout ce qui s'élevait contre eux ou
» même leur causait le moindre ombrage? Me donnerez-vous
» l'Empire et son chef à cheval comme un type de respect
» pour les libertés nationales qu'il avait à son tour *constitu-*
» *tionnellement* garanties; et jamais en fut-il fait une plus
» amère dérision? Vous-mêmes, manœuvrant en sens inverse,
» c'est-à-dire contre le pouvoir, n'avez-vous pas mis à dé-
» couvert toutes les déceptions de notre système dans cette
» comédie de quinze ans à laquelle la restauration avait eu la
» bonhomie de se confier? Grands patriotes, amans passionnés
» de toutes les libertés, qui invoquez dans vos conciliabules
» et qui donnez pour enseignes à vos bandes numérotées de
» *frères et amis*, les noms de *Brutus*, de *Marat*, de *Robes-*
» *pierre*, etc., seriez-vous fort disposés, si jamais vous de-
» veniez les maîtres, à souffrir, au sein de votre république,
» une opposition royaliste, et même une opposition quelcon-

» que, tant à la tribune que dans le journalisme (1) ; et votre
» premier soin ne serait-il pas d'imposer un silence absolu
» au journalisme et à la tribune, et sans doute sous des peines
» un peu plus *acerbes* que l'amende et la prison ? Je n'ai
» réellement qu'un tort à vos yeux : c'est d'être parti vainqueur,
» c'est de m'être fait le plus fort, lorsque je vous ai vus placés dans
» une position si fausse qu'il vous était impossible de m'en em-
» pêcher. Si j'eusse manqué l'occasion, si, après avoir été bête-
» ment porté au pouvoir par les baïonnettes *intelligentes*, je ne
» me fusse adroitement servi pour m'y maintenir de l'*imbécillité*
» des baïonnettes (2), vous eussiez admiré ma sottise, tout en
» en faisant votre profit ; vainqueurs, vous vous seriez mo-
» qués de moi : vaincus, vous ne pouvez vous empêcher de
» convenir, tout en frémissant de rage, que j'ai montré de
» l'habileté ; et depuis cinquante ans, c'est au plus habile que
» nous jouons, nous autres partis révolutionnaires, et non pas
» au plus loyal, au plus juste, au plus vertueux. Enfin, si je

----

(1) Un exemple entre mille, et je le prendrai dans le propre sein du
gouvernement du 7 août. Ce petit bipède, si connu sous le nom de M.
Thiers, auteur d'une *Histoire de la Révolution française*, dans laquelle
le malheureux se fait l'apologiste féroce de la *Convention*, et avec un cynisme qui fait frémir, était, en même temps, l'un des rédacteurs du *National*, et considérait alors comme *la bonne presse* celle qui imprimait ce
journal républicain. Dès qu'il a été ministre de Louis-Philippe, le syco-
phante l'a appelée la *mauvaise presse*, et a trouvé fort bon qu'on empri-
sonnât son ancien ami et collaborateur, M. Carrel, et qu'on lui fît payer
l'amende, tandis que lui, Thiers, se gorgeait *de pots-de-vin* et de nouvelles télégraphiques. « O race de vipères ! » *Progenies viperarum!*

(2) Cette dernière manière de caractériser les baïonnettes de *l'ordre
de choses* appartient à ce même M. Carrel, l'homme d'importance de son
parti, de tous les républicains celui qui, jusqu'à ce jour, s'est donné les
plus grands airs de dignité, et l'un de ceux qui, en juillet, mettaient
en mouvement avec autant de succès dans le présent et d'espérances pour
l'avenir, ces mêmes baïonnettes dont il admirait alors *l'intelligence*. Que
dire de semblables hommes ? *Sicut equus et mulus.* » (Ps. XXXI, 9.)

» suis le plus fort, c'est à vous encore que je le dois en très-
» grande partie, à vous, maladroits que vous êtes, dont les
» réminiscences conventionnelles beaucoup trop hâtives ont
» fait peur à tout le monde, et rejeté de mon côté un grand
» nombre des vôtres, qui, n'ayant de choix qu'entre mon des-
» potisme hypocrite et votre anarchie sanglante, n'ont pas
» balancé à me donner la préférence : et l'événement a prouvé
» qu'ils avaient su prendre le bon parti. — Je viens à vous
» maintenant, légitimistes fanfarons. Qui êtes-vous? que pré-
» tendez-vous? Êtes-vous des fourbes qui, sachant au juste et
» aussi bien que les libéraux ce qu'est le *représentatif*, ma-
» nœuvrez, dans votre opposition *constitutionnellement* roya-
» liste, afin de le conserver pour des temps meilleurs, et de
» l'exploiter alors *royalement* au plus grand avantage de votre
» petite coterie? Êtes-vous des niais, qui vous flattez d'ac-
» complir un si grand projet par une majorité parlementaire
» en expectative, vous moquant à la fois et des libéraux que
» vous vous êtes associés, qui eux-mêmes se moquent de vous,
» et du juste-milieu, qui se moque à la fois de vous et des
» libéraux? S'il faut en dire ma pensée, je vous crois l'un et
» l'autre. Toutefois, si ce n'était pas me railler du ciel que de
» le prier d'exaucer mes vœux, je ne lui en adresserais qu'un
» seul : c'est qu'il nous fût accordé de nous maintenir, moi et
» les miens, au poste où nous sommes maintenant et où nous
» nous trouvons si bien, jusqu'à ce moment *décisif* où vous
» aurez obtenu, par l'élection *légale*, cette [RÉFORME à la-
» quelle vous travaillez avec tant d'ardeur, et cette majorité
» *régénératrice* qui en est l'heureuse conséquence : alors il y
» aura long-temps que j'aurai commencé à dormir mon som-
» meil; et c'est à nos héritiers *déja vieux* qu'il appartiendra,
» au premier acte de souveraineté *nationale* que vous vous
» aviserez d'essayer, de vous faire empoigner par leurs ser-
» gens de ville à Paris, ou sauter par les fenêtres à Saint-
» Cloud. Jusques là, continuez d'égarer la France *royaliste*
» en l'écartant des seules voies qui pourraient la sauver, en y

» entretenant, par vos doctrines fallacieuses, tous lessentimens
» lâches et égoïstes, en corrompant toutes les intelligences
» par vos utopies extravagantes, en changeant le *pur* roya-
» lisme en *légitimisme* révolutionnaire : amenez les choses à ce
» point, qu'il n'y ait plus qu'un moyen *surhumain* qui puisse
» rétablir en France la vraie royauté ; ce sont là autant de
» chances de durée que je vous dois : c'est à ces conditions
» que je supporte encore votre bourdonnement (1), quoiqu'il
» m'importune de temps à autre, sûr que je suis d'ailleurs de
» le faire cesser quand il me plaira. »

Bien entendu que ces paroles outrecuidantes n'ont de valeur
que pour un temps, et jusqu'à ce que la nation coupable ait vidé
le calice d'opprobres qu'elle est condamnée à boire. Ceci ne
doit pas être oublié.

IV.

Non est enim Potestas, nisi à Deo.
(ROM. XIII, 1.)

A ces paroles foudroyantes qui sont écrites dans tous les
actes des hommes du 7 août, les libéraux ont sans doute des
répliques, et leurs feuilles en sont inondées ; mais ces répliques se résolvent en injures, en cris de rage ; et s'il s'y mêle
quelques argumentations, elles laissent entrevoir, dans leur
extrême faiblesse, des signes d'un découragement profond, et

---

(1) *Bourdonnement* est bien le mot, et quand je vois les taquineries
inutiles et misérables, les pauvretés politiques, pour lesquelles les journaux *dits* légitimistes se font ruiner par des amendes ou claquemurer
dans des prisons, je me rappelle involontairement ce mot naïf de monsieur
de Pourceaugnac : « Il me donna un soufflet ; mais je lui dis bien son fait. »

je ne sais quel désenchantement de leur doctrine et de leurs systèmes, que, jusqu'à ce jour, ces hommes si opiniâtres dans le désordre et la révolte n'avaient point éprouvé. Moins éloignés, il faut bien le dire, des voies du sens commun que certains *légitimistes*, parce que le *représentatif* leur est bien connu, qu'ils y ont long-temps manœuvré, et qu'ils s'apprêtaient à y recommencer leurs manœuvres, ils ont mesuré d'un coup d'œil sûr les profondeurs de l'abîme dans lequel ils s'étaient si stupidement précipités. C'est surtout après les évènemens de Lyon et les troisièmes barricades, que, se voyant de toutes parts enveloppés par la police et par l'armée, cette dernière et décisive *expression* de tout pouvoir révolutionnaire, ils ont laissé échapper des paroles de désespoir (1) ; et, pour avoir accepté, même avec un rire sardonique, l'alliance à la fois grotesque et monstrueuse que ces *légitimistes* insensés leur ont offerte ; il fallait en effet qu'ils fussent désespérés. Si c'est le déshonneur de ceux-ci, c'est en même temps la plus grande honte à laquelle ceux-là soient jamais descendus.

Quant aux Don Quichote de la réforme parlementaire et

« (1). Notre gouvernement *militaire*, dit le *Courrier*, sans tribune
» *libre*, avec les juridictions d'*exception*, n'a plus rien de commun avec
» cet autre gouvernement que nous rêvions sous la restauration (*).
» Proclamons-le du moins : disons que, pendant quinze ans, nous
» avons poursuivi une chimère : que, depuis trois ans, *nous nous*
» *fatiguons douloureusement à la réaliser;* abandonnons cette *vieille*
» *bannière* représentative qui ne nous a conduits qu'à des déceptions,
» ou à des *convulsions* pires *que tous les mécomptes du monde;* di
» sons qu'il faut aux peuples modernes *des liens* plus forts, *des di*
» *gues plus difficiles à franchir;* cherchons à bâtir *ce système* de
» force, sans lequel la *société* ne peut exister ; mais *disons-le hau*

(*) Ainsi ces honnêtes gens avouent qu'ils *rêvaient* sous la restauration : et cependant ils n'ont pas hésité à renverser un trône et à bouleverser de fond en comble une nation de trente millions d'hommes, afin de voir s'il n'y aurait pas quelque possibilité de *réaliser* leurs rêves ! *Væ qui cogitatis* inutile *et operamini*
malum ! (Mich. II, 1).

de la légitimité *constitutionelle*, rien ne les étonne, rien ne les déconcerte, rien ne les abat : on en a vu qui poussaient presque des cris de triomphe après ces journés sanglantes de Lyon et de Paris : « De telles horreurs, s'écriaient-ils, ajoutent à la » haine qu'inspire cet infâme gouvernement ; parvenue à son » comble, cette haine, en débordant sur lui, le renversera, » en fera disparaître jusqu'aux derniers vestiges ; il s'use par » ses excès, il se perd par ses violences, il se tue par son » cynisme, etc., etc. (1). » Or, s'il y a quelque chose de vrai au monde, c'est que le cynisme, les excès, les violences, pouvaient seules soutenir, du moins pour un temps, tout gou-

---

» tement ; convions *tous les gens de bien à nous* VENIR EN AIDE (*), » et ne prétendons pas faire du régime impérial et du despotisme un » *bâtard* au nom de la charte de 1830 : car ce serait un MENSONGE, et » les peuples ne se rallient pas au mensonge.... » Et plus loin : « Les » convictions sont *ébranlées* : ceux qui désirent, du meilleur de leur » cœur, le bien de leur pays, éprouvent un DOUTE DÉCOURAGEANT sur » les moyens de le réaliser ; ils se demandent *si leurs vieilles croyan-* » *ces ne se sont pas éloignées du but,* etc. »

Enfin le grand Carrel lui-même, cette haute capacité de la bande républicaine, qui RÊVAIT, lui, un Congrès à l'américaine et La Fayette pour président du royaume de France métamorphosé en *États-Unis*, a prononcé tout dernièrement le mot de *fiction constitutionnelle* en parlant du gouvernement représentatif.

(*) Artisans de mensonges, de complots et d'iniquités, les gens de bien *ne vous viendront point en aide.* Ils attendent, eux, leur salut du ciel, uniquement du ciel, contre lequel ne cessent de s'élever vos blasphèmes ; et en effet, le ciel seul peut les sauver de ces tempêtes effroyables que l'enfer, dont vous êtes les dignes auxiliaires, a rassemblées autour d'eux. Ils vous disent donc avec la nièce de Mardochée :

« Va, traître, laisse-moi :
» Les Juifs n'ont pas besoin d'un méchant tel que toi. »

Du reste, il faut admirer ici l'aveu *dépouillé d'artifice* de ces hommes qui, en appelant les *gens de bien* à leur aide, confessent que ce qu'ils ont fait jusqu'ici l'a été *sans le concours des gens de bien.*

(1) Ces paroles sont extraites textuellement de leurs journaux.

vernement sorti des barricades de juillet , quel qu'il pût être ;
et il faut être un légitimiste *jeune-france* , pour se persuader
que la monarchie citoyenne se perd par le seul moyen qui lui
ait été donné de se sauver (1).

---

(1) Au moment même où je trace ces lignes, il me tombe entre les
mains un article du *National*, le plus stupéfiant peut-être qui ait jamais
été écrit dans aucun journal libéral, mélange prodigieux et presque in-
compréhensible de bon sens et de folie; mais où ce qu'il y a de raisonna
ble est assurément fort au dessus de la portée des journaux légitimistes
constitutionnels, et où ce qui est extravagant ne l'est ni plus ni moin
que les fadaises dont ceux-ci remplissent journellement leurs colonnes.
Le but de cet article est de prouver « qu'il ne s'agissait pas, pour la
» royauté du 7 août, de se *conserver*, de se rendre *forte et puissante*, mais
» de chercher *le bien du pays*, lequel est *en opposition* avec le principe
» monarchique, au risque de se *perdre sans retour* en faisant une aussi
» patriotique *abnégation de soi-même.* » C'est la partie folle de son rai-
sonnement ; et en suivant les développemens qu'il lui donne et dont il
la fortifie, en le voyant essayer, pour venir à bout de la royauté citoyenne, de la prendre *par les sentimens,* on croit être aux petites mai-
sons. — Voulez-vous maintenant entendre parler la raison elle-même ?
Ecoutez les paroles qui suivent: « La royauté de Louis-Philippe n'exis-
» terait peut-être plus aujourd'hui, si tout autre système *personnel* du
» roi eût été appliqué en 1830; ou si cette royauté existait encore, ce se-
» rait tout au plus à l'état *d'impuissance absolue , de suspicion, de demi-*
» *captivité*, qui précéda, pour Louis XVI, la catastrophe du 10 août, et
» dont Ferdinand VII ne fut tiré en 1823 que par l'invasion étrangère..
» Des amis de la liberté, des hommes populaires (qu'elle aurait choisis
» pour ministres) n'auraient pu que *hâter la chute* de cette royauté par
» tous les efforts qu'ils auraient faits pour l'arracher à ses *erreurs.* —
» Ainsi, en voulant nous rendre la monarchie *plus attrayante* ou *moins*
» *repoussante,* ils l'auraient *peu à peu désarmée;* ses victoires contre les
» agitations populaires eussent été *moins complètes ;* on eût eu *moins*
» *peur* d'elle ; on aurait regardé ses *conseillers patriotes* comme des es-
» pèces *d'auxiliaires* introduits dans la place *pour en diminuer les*
» *défenses* au risque de leur propre salut... La royauté du 7 août au-
» rait eu successivement ses Necker, ses Bailly, ses Roland, ses Cla-
» vières;... si habiles qu'ils eussent été, ces hommes *eussent perdu* la

Jamais il n'y eut infatuation pareille ; et celle des temps qui précédèrent le déluge peut seule lui être comparée. Cette *jeune france* outrecuidante n'a pas vu sans doute de ses propres yeux (ses vieux chefs toujours exceptés) la révolution dans ses transformations diverses ; mais elle en peut du moins lire l'histoire, et tout ce qui l'environne lui en redit les opprobres et les forfaits. J'ai essayé de résumer dans un petit nombre de pages cette histoire de son passé ; et , quelque décolorées qu'elles puissent paraître aux imaginations si riches de notre école romantique, si je me suis écarté de la vérité, que le plus habile et le plus hardi se présente et m'accuse hautement. Ensuite, et autant qu'il était en moi, j'ai tracé le tableau de ce qu'elle offre, dans le présent, de force et de scélératesse d'une part, de faiblesse et d'ignominie de l'autre : ce n'en est sans doute qu'une ébauche bien imparfaite ; mais si l'on trouve que les traits en soient ou faux ou exagérés, qu'on m'accuse en-

---

» royauté de juillet; et en supposant que par une sorte de juste-milieu » *un peu plus à gauche,* suivant l'expression *heureuse* d'un député de » l'opposition, ils eussent fait vivre cette monarchie jusqu'à l'heure » où nous écrivons, elle serait aujourd'hui *prête à tomber* PIEDS ET » POINGS LIÉS entre les mains de ses ennemis... La royauté du 7 août a » parfaitement démêlé que ses meilleurs amis étaient ceux qui ne l'a- » vaient acceptée que comme pis-aller monarchique, comme légitimité » *de demi-sang,* à défaut d'un rejeton de *pure race.* Mais que serait-il » arrivé, au contraire, si cette royauté , comme le lui ont si souvent » *conseillé* des gens *fort éclairés,* s'était dit : Mon origine est révolu- » tionnaire et ma force est dans les hommes qui ont voulu et fait la » révolution; c'est là que je dois prendre mes ministres, mes représentans » à l'étranger. Je n'aurai de systèmes que ceux qui *seront approuvés* par » ces LUMIÈRES du parti national? Il serait arrivé ce QUE NOUS AVONS » INDIQUÉ au commencement de cet article... Qu'on juge où de TEL- » LES PROBITÉS *eussent conduit* la monarchie : Nous FRÉMISSONS à la » seule idée de l'abîme *qu'elle eût ouvert sous ses pas.* La monarchie » a donc eu *parfaitement raison* de repousser comme *ses plus grands* » *ennemis* les gens capables de se faire de telles idées de leurs de- » voirs envers le pays, etc., etc. » (*National* du 9 novembre 1834.)

core : je suis prêt à répondre. Or, je ne crains pas de le dire, personne ne l'osera. Jamais les déceptions du gouvernement dit *représentatif* ne se présentèrent sous une forme plus frappante, plus grossièrement brutale, que dans cette dernière phase de la révolution, parce que (et ceci n'a point encore été observé) la Providence a voulu rassembler, dans cette seule époque, tous les caractères de ses époques diverses, et la mettre en quelque sorte tout entière sous les yeux de la génération *au cœur dur* (1), qu'elle voudrait, dans sa miséricorde, sauver de ses propres fureurs. En effet, qu'on examine avec attention la révolution de juillet : dans son origine, c'est l'anarchie sanglante qui créa la Convention et qui signala ensuite les premiers momens si convulsifs de son existence ; dans la faiblesse atroce des agens de la monarchie républicaine naissante, si impitoyablement vexatoires et cruels à l'égard du parti vaincu, si lâchement pusillanimes devant les excès du parti vainqueur, vous avez l'image odieuse et dégoûtante de l'infâme Directoire ; viennent ensuite ces beaux jours dont nous avons déjà salué l'aurore, lorsque la révolution, devenue maîtresse absolue d'une armée et d'une police qu'elle a su faire ce qu'elle voulait qu'elles fussent, a ressucité le despotisme militaire de Buonaparte, moins l'effet moral de sa fausse gloire sur un peuple vaniteux et guerroyeur ; et vous la voyez, privée d'un tel prestige qui, dorant les fers des esclaves, les étourdissait sur la honte de leur esclavage, redemander à la Convention la TERREUR qui suivit son anarchie, et sous une autre forme, la mettre à *l'ordre du jour.* Est-ce tout? Non, elle a en outre ce qui lui appartient en propre, ce qui est un dernier complément, après lequel, en fait de révolution, on ne conçoit plus rien : c'est la tartufferie raisonneuse de ses doctrinaires qui possèdent des argumens pour nous prouver que c'est là enfin la solution du problème si laborieusement cherché pendant près d'un demi-siècle, à savoir : « un gouvernement mo-

____

(1) *Audite me duro corde.* Is. XLVI, 12.

» narchique fondé sur la souveraineté du peuple ; un monarque
» pour la première fois librement élu par le suffrage de
» la nation ; la liberté de la presse, *ce prmier besoin du
» siècle*, disent les journaux légitimistes eux-mêmes (1), fondée
» sur des bases larges, inébranlables, chacun pouvant im-
» primer ce qu'il lui plaît, quand il lui plaît, dans la forme
» qu'il lui plaît, *à ses risques et périls*, bien entendu ; une lé-
» galité parfaite dans tous les actes du gouvernement, rien ne
» s'y faisant qu'en vertu de lois émises selon les formes con-
» sacrées par la charte constitutionelle (2), et les trois pou-
» voirs qu'elle a institués marchant, pour la première fois,
» dans une harmonie jusqu'alors inespérée ; des ministres
» responsables, qui ne reculent point devant leur respon-
» sabilité, et viennent solennellement rendre compte de
» leur gestion *régulière* ou *irrégulière* devant qui de droit ;
» en un mot, le règne des lois, de l'ordre et de la véritable li-
» berté. » Voilà ce qu'ils disent, ce qu'ils écrivent chaque jour,
ce qu'ils soutiennent de toute la puissance de leur dialectique
sophistiquée ; voilà ce que les libéraux et les légitimistes déclarent journellement faux, insidieux, félon, fondé sur le mensonge et la trahison. Oui, il y a trahison, mensonge, fausseté,
hypocrisie, si l'on juge la conduite de ces hommes selon les
règles de l'éternelle justice et de l'éternelle vérité : non, si on
les juge selon les règles de la justice et de la vérité *constitutionnelles*. Alors ils ne mentent pas, ils ne trahissent pas, ils ne

____

(1) *La Mode* l'a encore répété immédiatement après son dernier
procès.

(2) C'est très-légalement qu'on a obtenu la loi sur les associations,
loi qui réduit *le peuple souverain* à l'*isolement* le plus absolu de chacun des membres dont se compose sa souveraineté *collective* ; c'est
de même, sans sortir des formes légales, qu'on se propose d'obtenir
la loi des forts détachés, loi extrêmement commode pour foudroyer
en masse le susdit peuple souverain, le jour où il commencera à s'en-
nuyer d'être ainsi *individualisé*. Si l'on a besoin de la censure et
même de l'entière suppression de la liberté de la presse, c'est encore
très-légalement qu'on fera ensorte de se les procurer.

sont pas dans le faux ; ils sont dans le VRAI, parce qu'ils ne font rien et ne prétendent jamais rien faire que par les MAJORITÉS. Majorité ! majorité ! tel est le mot sacramentel du *représentatif;* dans le *représentatif,* la majorité a l'omnipotence, qui partout ailleurs est l'attribut exclusif de Dieu ; elle peut même plus que Dieu, car elle fait que le faux est vrai, que l'injuste est juste, que le mal est bien ; et je soutiens qu'il est absurde au libéral, ou au légitimiste, qui admet le principe de la souveraineté du peuple et de sa représentation dans des assemblées politiques, d'oser s'élever contre la première et absolue conséquence de cette représentation, qui est que « la MAJORITÉ y remplace tous »les droits DIVINS et HUMAINS. »

Je le répète (et plût au ciel que j'eusse cent bouches, une voix de fer (*oraque centum, ferrea vox*), pour que le retentissement de mes paroles allât comme un tonnerre frapper tous ceux que l'on abuse de cette extravagante et odieuse utopie du *représentatif!*), je le répète, le mensonge est le père de cette conception sortie de l'enfer : l'anarchie et la tyrannie, la ruine des États, la dégradation des intelligences, la corruption des cœurs, le soulèvement de toutes les passions cupides et haineuses, la misère, la mort, en sont les monstrueux enfans. Remontez à son berceau, où elle fut si long-temps l'objet de l'admiration délirante de nos pères, qui, du sein des prospérités de la plus noble et de la plus antique des monarchies chrétiennes, le saluaient comme le prodige de l'esprit humain et l'espérance des nations *en souffrance :* quel est l'homme assez ignorant de ce qui se passe maintenant en Angleterre, qui ne sache que là, du sein d'une nation que le *paupérisme* le plus invétéré enveloppe de toutes parts, qui succombe sous le poids d'une dette dont elle est dévorée, qu'épouvante le déluge de crimes qu'enfantent ses misères et ses corruptions, s'est élevé un cri, et un cri de mort contre cette comédie machiavélique (tragédie, si on l'aime mieux) de la *pondération* de ses trois pouvoirs, où tout n'a jamais été que piperie et filouterie, où tous les rôles étant distribués à l'avance et les acteurs surtout grassement rétribués,

on jouait depuis trois siècles au *wigh* et au *tory*, à l'opposition populaire, au parti ministériel, à la sanction royale, aux libertés et aux prospérités nationales, le tout au profit d'une aristocratie dévorante, insatiable, qui, aux applaudissemens hébétés de *John Bull*, ramassait les enjeux ; et maintenant que le stupide *John Bull* essaie de remettre en équilibre cet échafaudage de mensonges et de fourberies, le voilà plus malade que jamais et sur le point de mourir de la *réforme* d'un gouvernement sous lequel il ne lui était plus possible de vivre. De la déception des *bourgs-pourris* et du parlement *réformé*, qui est une autre déception peut-être encore plus grossière, je veux, profonds politiques de la jeune France, vous faire passer tout d'une traite en pleine démocratie : transportons-nous ensemble aux États-Unis d'Amérique ; certes, nous nous trouvons là dans toutes les splendeurs du vote universel et dans les théories *appliquées* du radicalisme le plus pur. Là, les électeurs sortent, à droit égal, des hôtels somptueux et de la fange du ruisseau ; là, vingt-quatre heures après avoir touché le sol de la nouvelle terre classique de la liberté, l'émigrant déguenillé jouit de tous les priviléges de citoyen, au même titre que les descendans de Franklin et de Washington ; et le *Ticket* du balayeur des rues vaut celu; du ministre d'état et de l'ambassadeur. Enfin nous respirons : tout se fait ici *par* et *pour* le peuple ; de ce *vote nniversel* après lequel nous avons tant soupiré, va sortir enfin cette représentation *vraie* que nous cherchons, et nous touchons à la solution du grand problème constitutionnel. Eh bien ! ce sont des cris encore plus furieux et plus désespérés : « Le parti *démocra-*
» *tique* marche à grands pas vers la tyrannie, s'écrie le parti
» *républicain*, qui lui-même a dès long-temps tyranniquement
» abattu le parti *fédéraliste*. Après avoir obtenu la présidence
» et la majorité dans le Congrès par le fanatisme patriotique de
» nos prolétaires, le voilà qui s'empare des finances de l'État
» par la destruction de nos banques, afin de se perpétuer au pou-
» voir en achetant les suffrages qui d'abord l'y ont gratuitement
» porté. A l'aide de la *majorité*, les places, les emplois, dé-

» *pouilles des vaincus*, sont devenus pour lui *le prix de la vic-*
» *toire* (1), et il les distribue comme une proie à ses amis et à
» ses créatures. Pour l'acquit de cette *majorité*, il livre les
» planteurs du Sud aux monopoleurs industriels du Nord qui la
» lui ont vendue. La représentation au Congrès de la *minorité*
» des États n'est plus qu'une farce *dérisoire*, propre seulement
» à jeter un voile sur les fers dont on enchaîne nos libertés (2).
» Que sont les décisions de la *majorité* du Congrès, sinon *de purs*
» *actes de despotisme* dégagés de toute espèce de *responsabi-*
» *lité* (3)?Oui, le principe de *responsabilité représentative* est
» changé en un principe de *despotisme absolu* (4). » Ces cris par-

---

(1) THE SPOILS OF VICTORY. Ce cri de guerre contre les républicains,
poussé par Van-Buren, l'un des chefs du parti démocratique, a retenti
dans toute l'*Union :* et les vainqueurs ne s'en sont pas tenus à de vaines paroles. Sous les six présidences qui avaient précédé celle de
Jackson, le héros de la canaille, on ne comptait que *soixante-qua-*
torze destitutions, presque toutes provoquées par des fautes graves et
des prévarications : il n'y en avait eu que *deux* sous l'administration
de John Quincy Adams, qui cependant était accusé par la faction
nouvelle d'arbitraire et de despotisme. Jackson débuta par en faire
NEUF CENT QUATRE-VINGT-DIX. Ni l'âge, ni la pauvreté, ni les longs
services, ni la considération personnelle de tel fonctionnaire, ni l'ex-
périence et la capacité de tel autre, ne furent des titres pour être
épargné. Depuis, ces destitutions ont été portées au nombre de plus
de DEUX MILLE (*).

(2) It is vain that we attempt to console ourselves by the *empty and*
unreal MOCKERY of our representation in Congress. (*Adress to the*
people of the United Stades by South Carolina.)

(3) The majority of Congress is, in strict propriety of speech, an
irresponsible despotism. (Ibid.)

(4) Under these circumstances, the principle of representative res-
ponsibility is perverted into a principle of *absolute despotism.* (Ibid.)
(Voyez la 12ᵉ Lettre sur les Etats-Unis d'Amérique.)

(*) On trouve tous ces documens développés et appuyés de preuves authentiques, dans les *Lettres sur les États-Unis d'Amérique*, qui viennent de paraître à
Lyon, chez Périsse frères, libraires; et à Paris, au dépôt central de librairie,
rue du Pot-de-Fer Saint-Sulpice, n° 8, 2 vol. in-8° : prix, 10 francs.

tant d'une minorité puissante, qui s'arme, qui se coalise pour résister à cette majorité tyrannique, ont jeté de toutes parts l'épouvante, et des quatre points cardinaux de la nation-*modèle* s'est élevé cet autre cri : « l'*Union* est menacée, l'*Union* va » s'éteindre dans une mer de sang (1) ! » Or cette *sublime* constitution des États-Unis n'a pas cinquante ans d'existence, et la nation pour qui elle a été faite se compose d'une population qui, n'étant guère que le tiers de celle de la France, est disséminée sur un territoire à peu près aussi grand que l'Europe. Cependant, grâce au *représentatif*, ils ne s'y trouvent point à l'aise et menacent déjà de s'entre-manger.

N'est-ce donc point assez de ces exemples éclatans et terribles que ne voient pas ceux-là seulement à qui il plaît de fermer les yeux ? N'est-ce point assez de quatre années d'opprobres et de misères, dans lesquelles (on vient de le voir) se sont résumés

---

(1) Voyez divers articles de journaux cités dans la même Lettre. Dans une lettre très-remarquable sur *les droits des États*, écrite par un habitant de la Caroline du Sud, et que publièrent presque tous les journaux américains, on lisait le passage suivant : « Qu'ils considèrent » (les États du Sud formant la *minorité* dans le Congrès) s'ils sont dispo- » sés à voir l'*Union* se changer en un empire consolidé, dans lequel une » MAJORITÉ *purement numérique* aura le droit d'opprimer et d'insulter » tous ceux qui ne croient pas devoir se ranger à son avis. » — Whether they are prepared to see the UNION changed into a consolidated empire in which a *mere numerical* MAJORITY shall have the right to oppress and injure all who do not accord with them in sentiment.

Ces ressentimens qui existent depuis long-temps, éclatèrent avec la plus grande animosité en 1832 et 1833, et l'on put craindre un moment la guerre civile. Il y a maintenant une sorte de trêve entre les partis; mais les haines couvent au fond des cœurs (*manet altâ mente repostum*); et tout porte à croire qu'elles ne tarderont pas à faire une explosion nouvelle et plus furieuse encore. Les plus clairvoyans prévoient une dissolution prochaine et entière de la confédération américaine. Ainsi va le *représentatif* à l'autre bout du monde, et telles sont les bénédic-tions qu'y reçoit la *majorité*.

pour nous les misères et les opprobres du demi-siècle qui les a
précédés ? N'est-ce point assez de l'aveu des factions qui, se succédant sans cesse au pouvoir par le principe même qui dissout
tout pouvoir, déclarent hautement, dès qu'elles y sont parve-
nues, qu'il est impossible de gouverner avec ce funeste dissol-
vant ? Non, ce n'est point assez pour quelques vieux intrigans à
vues étroites et à prétentions sans mesure ; ce n'est point assez
pour une nuée d'avocats aussi savans en chicane qu'ignorans en
cette haute législation qui régit les États ; astucieux brouillons
ou insipides parleurs qu'on ne peut arracher d'une tribune devenue leur *bien-fonds*, et où ils ont mis leur parlage aux enchères ; ce n'est point assez pour cette jeunesse plus ignorante
encore, imprégnée en sortant des écoles universitaires de toutes
les révoltes du siècle, fascinée, enivrée par ces insidieux meneurs, qui, s'adressant à ses passions, à son inexpérience,
achevant d'étouffer en elle tous les germes déjà flétris du vrai et
du juste, exaltant jusqu'à l'effervescence cette puissance fou-
gueuse de l'imagination qui domine encore toutes ses facultés,
l'entraînent ainsi à leur suite avec cette parole d'impiété et d'orgueil : « *L'avenir t'appartient.* » Parmi les clairvoyans, qui ne
sait leurs manœuvres pour parvenir, au moyen de la presse, à
former une faction qui enveloppât toute la France royaliste dans
le réseau fatal de leurs systèmes erronés, de leurs espérances dé-
cevantes, de leurs prétendues *nécessités sociales ?* (J'en ai déjà
offert une esquisse bien imparfaite, bien au-dessous de la réalité.)
Qui ne gémit profondément des succès qu'ils ont obtenus, l'opinion du parti fidèle, telle qu'ils l'ont faite, étant aujourd'hui
peut-être la plaie la plus difficile à guérir de notre France malheureuse ? Qui n'a été indigné de leurs tentatives auprès d'une
auguste famille qu'ils prétendaient soumettre à leurs conditions
et enfermer en quelque sorte dans le cercle de Popilius ? Ils se
présentaient devant elle soutenant *bonnes et valables* deux abdications devenues dérisoires au moment même où Charles X a
quitté Rambouillet, et, en concurrence avec le parti républicain, ils demandaient à grands cris un roi *enfant* pour en faire

tout à la fois l'instrument et la pâture d'une révolution nouvelle. Que dis-je, en concurrence? l'accord le plus touchant régnait entre ces deux partis, qui tous les deux sont dévoués au *pays*, et veulent par dessus tout le bien du *pays*. On s'était rapproché, on s'était expliqué, on avait fini par se comprendre, et, si les inimitiés avaient été si longues, c'est que jusqu'alors on ne s'était pas compris. En effet, que demandaient, que demandent encore les légitimistes qui n'ait pas toujours été le vœu des libéraux? De même que ceux-ci, ne rejettent-ils pas le *droit divin*, et par conséquent n'admettent-ils pas en principe la souveraineté du peuple? Ne prétendent-ils pas que ce peuple souverain soit représenté dans des assemblées *permanentes*? (et c'est en effet son droit s'il est souverain.) N'exigent-il pas impérieusement la liberté de la presse « que les chrétiens *ont payée de leur sang* », dit la *Gazette de France;* et ne la veulent-ils pas sans bornes, sans entraves, aussi entière et absolue qu'il est possible de la concevoir? Ne réclament-ils pas le *vote universel* au milieu d'une nation qui, depuis cinquante ans, ne rêve que la révolte sous la verge du despotisme ; et n'est-ce pas le plus sûr moyen de la mettre tout entière dans les mains de leurs nouveaux associés? N'entendent-ils pas que les rois ne soient plus rois par *la grâce de Dieu,* mais INVIOLABLES de *par le peuple,* c'est-à-dire de cette inviolabilité au moyen de laquelle on a pu, dans l'espace de trois règnes, tuer un roi et en chasser deux? Ces bons catholiques ne sont-ils pas partisans de la liberté illimitée des cultes, c'est-à-dire de l'*athéisme politique*, solennellement déclaré à la face du ciel et de la terre? et encore de la *responsabilité* des ministres *envers la nation*, laquelle donne, comme sa conséquence nécessaire, des *rois-machines qui règnent et ne gouvernent pas*, et encore du vote annuel de l'impôt par de prétendus représentans qui viennent périodiqnement se mettre aux enchères de l'oligarchie ministérielle, à l'effet d'écraser *légalement* les peuples d'impôts?. et encore de la caricature d'une chambre haute, très-humble servante d'une chambre basse qui finit tôt ou tard par la culbuter au milieu des applaudissemens

et des huées de la canaille souveraine , etc. , etc. ? Si l'on en ex-
cepte une poignée de rêveurs ultra-républicains, les libéraux
même les plus exaltés n'en ont jamais demandé davantage ; et,
puisque les légitimistes se faisaient forts de le leur faire obtenir, il
n'y avait pas de raison pour ne pas leur toucher dans la main, à
ces braves légitimistes, et e'est ce qu'ils ont fait dans toute la
candeur de leur hypocrisie. Les légitimistes s'engageaient à leur
fournir Henri V : c'était leur part dans le marché. De leur côté,
les libéraux leur promettaient l'armée pour lui ouvrir les voies
du trône ; mais, plus avisés, ils ne la livraient pas. Puis on se
partageait les emplois, les honneurs,le pouvoir et tont ce qui s'en-
suit, dernière conséquence de toutes les combinaisons révolutionnaires ; bien entendu que les libéraux, usant du droit du
plus fort, s'adjugeaient à l'avance la plus grosse part, en attendant qu'ils pussent tout prendre (1).

Ainsi s'accroissait par cette alliance ignoble l'audace de nos
preux légitimistes. Enfin, passant toutes les bornes, on les vit,
toujours les deux abdications à la main, presque exiger que l'on
mît sous leur tutelle le royal enfant, première condition du marché qu'ils venaient de conclure avec les chefs du libéralisme.
« Ne vous bercez pas de vaines espérances, semblaient-ils lui
» dire (et si ce ne sont pas leurs propres paroles, c'en est le
» sens) ; depuis quatre ans, nous travaillons à la conquête de
» l'opinion royaliste en France, et nous l'avons enfin conquise.
» Grâce à nos efforts infatigables et à la tenacité de nos séduc-
» tions, vos plus fidèles et plus loyaux serviteurs sont mainte-
» nant égarés hors de leurs anciennes voies, à un tel point, que
» leur foi politique, telle que nous la leur avons faite, est qu'il
» n'y a point de restauration possible sans *concessions* à l'esprit
» du siècle, et par conséquent hors du système de gouverne-
» ment consacré par la révolution, et modifié selon les condi-

---

(1) Pour les pièces à l'appui, voyez presque tous les numéros de la
Gazette de France.

» tions nouvelles qu'il nous a plu d'y mettre. Nous avons telle-
» ment flatté les libéraux, nous leur avons fait la partie si belle,
» qu'ils sont prêts à recevoir le *jeune* roi (le jeune roi, enten-
» dez-vous, et non pas un autre) aux mêmes conditions. Mais
» ces conditions sont irrévocables. Notre fusion nouvelle avec
» ce parti ayant achevé de compliquer les embarras *intellectuels*
» du nôtre, et de le rendre plus incertain, plus chancelant que
» jamais entre les doctrines monarchiques et les opinions révo-
» lutionnaires, nous ne vous dissimulerons pas que nous sommes
» ainsi parvenus, selon nos désirs, à rendre la position inextri-
» cable, et que vouloir en sortir autrement que par l'*ultimatum*
» que nous vous présentons serait tenter l'impossible (1); la
» preuve, c'est que ces conditions du nouveau pacte de la France
» avec la légitimité, nous les proclamons hautement et crûment
» dans nos journaux de Paris; qu'elles trouvent dans les feuilles
» de province un écho qui se prolonge jusqu'aux extrémités du
» royaume; et certes, si nous n'étions sûrs de notre fait, nous
» ne parlerions pas avec tant d'assurance (2). »

---

(1) Un homme déjà cité, et qu'il n'est plus besoin de nommer, re-
fusant la candidature que lui offraient les électeurs de Quimperlé (et par
parenthèse leur offrant gracieusement à sa place le républicain Carrel,
avec cette agréable perspective qu'*il ne favoriserait pas leurs doctrines
royalistes*), crut que l'occasion était bonne pour formuler sa profession
de foi politique, et l'exprima dans les termes suivans : « Les paroles
» que j'adressais à madame la duchesse de Berry, résument toute mon
» opinion. — Madame, votre fils est mon roi. — Bien entendu *que je
» ne veux même de ce roi qu'avec la liberté de la France; que je ne le
» veux qu'avec la gloire et l'honneur de mon pays, qu'avec les idées
» nouvelles et les générations nouvelles, qu'avec les supériorités in-
» tellectuelles prises dans tous les rangs de la société, etc.* » Assurément on ne traite pas autrement de puissance à puissance. Or cet
homme, quoique vieux et plus usé encore qu'il n'est vieux, était alors
la plus haute expression du parti *jeune-france*.

(2) On sait dans le public beaucoup de détails sur ces intrigues dont
le foyer était à Paris et la correspondance la plus active à Prague; les
plus curieux ne sont pas connus; ils le seront plus tard.

(51)

C'est ainsi qu'ils marchaient *dans leur force et dans leur liberté*. Ils avaient fait leur calcul, et ce calcul était *immanquable* : les deux partis réunis obtenaient nécessairement la *majorité* dans la chambre, et la réforme parlementaire telle qu'ils l'avaient conçue en était la conséquence immédiate. Leur prépondérance législative ne tardait pas à mettre l'administration entière entre leurs mains, et, maîtres de l'administration, ils achevaient d'entraîner l'armée (1). Aussi quelle jactance que celle de nos publicistes jeune-france ! quelle conjouissance en eux-mêmes ! quel superbe dédain pour ceux qui ne se prosternaient pas devant leurs sublimes conceptions ! *Os eorum locutum est superbiam;* ils se livraient tous les jours, et du matin au soir, à des transports de joie : *exultabant totâ die*. Mais ces joies ont été courtes. Voici venir les jours de l'angoisse et des tribulations, les jours de misère et de calamité : *dies tribulationis et angustiæ, dies calamitatis et miseriæ;* en un mot, les jours de la GRANDE ÉLECTION. Alors ces hommes présentèrent à la France stupéfaite le spectacle le plus honteux d'impuissance et de perversité qui lui ait jamais été offert. Dans les vains efforts que firent, au sein des colléges électoraux, ces royalistes trop crédules dont ils avaient violenté la conscience pour en

---

(1) Voyez la fable de *Perrette et son pot au lait* déjà citée (section I). Ce qui a été publié de plus extraordinaire en ce genre de forfanteries politiques est, sans contredit, une pièce intitulée le *Couronnement*, citée et reproduite à l'envi par les journaux légitimistes (*). Les ministres du roi ENFANT, ses conseillers, les chefs de son armée, y sont désignés par leurs noms et qualités ; chacun y a son rang assigné ; on y fait la part à tout le monde. Les chefs vendéens y cèdent leurs épaulettes aux héros des barricades; la noblesse et les vieux royalistes n'y passent qu'après les plébéiens et la jeune France, etc., etc. N'était ce qu'il y a de révoltant dans l'esprit qui a présidé à cette composition, on pourrait dire que des enfans ne jouent pas autrement à *la Toilette de Madame*.

(*) Voy. l'analyse de ce morceau dans l'*Invariable*, T. V, p. 9S à 112.

arracher un serment que ceux-ci croyaient, consciencieuse-
ment peut-être, pouvoir prononcer des lèvres lorsque leur cœur
le repoussait (1), se montra l'impuissance du parti, et une impuissance plus absolue, plus irrémédiable qu'on n'avait d'abord
pensé. Dans le refus, prodigieux d'impudence, que firent
au même instant les meneurs légitimistes (2) de prêter ce même
serment dont ils avaient été les apologistes si zélés, les pro-
pagateurs si actifs, on vit avec juste raison le comble de la
perversité, une perversité d'un genre nouveau, et que l'âge
où nous vivons pouvait seul produire. Quel est parmi ceux
qu'ils ont ainsi trompés et séduits l'homme franchement royaliste qu'un tel acte de déloyauté n'ait pas indigné? Quel est
l'homme d'honneur qui n'ait pas ressenti jusqu'au fond de
l'âme une semblable insulte, et qui puisse jamais la leur par-
donner?

Déjà, et avant même que leurs espérances de *majorité* dans la
chambre et leurs projets de *réforme parlementaire* fussent deve-

(1) Les meneurs abusèrent indignément du nom du roi pour déterminer un grand nombre de royalistes à prêter cet odieux serment, publiant hautement que *c'était* SA VOLONTÉ *qu'ils allassent aux élections*.
Ils persuadèrent à presque tous que des *déclarations* imprimées dans les
journaux ou affichées dans les rues portant « qu'ils ne considéraient ce
serment que comme une *vaine formalité* », suffiraient pour mettre leur
conscience à couvert. On ne conçoit pas comment tant d'honnêtes gens
ont pu être dupes d'un aussi misérable subterfuge : la moindre réflexion
devait suffire pour faire comprendre que de telles déclarations n'ayant
pas un caractère *légal*, n'avaient *légalement* aucune valeur. Pour les
rendre valables, c'était dans le collége électoral même qu'il fallait les
proclamer : jusque là ceux qui recevaient le serment, non seulement
les ignoraient, mais *devaient les ignorer* ; et ce qui le prouve, c'est que
quelques-uns d'entre les royalistes ayant hasardé de les reproduire ayant
de jurer, ils furent à l'instant même expulsés par le président du collége
où ils s'étaient présentés pour voter. Tout cela est honteux au dernier
point.

(2) Entre autres le propriétaire de la *Gazette de France*, l'un de

nus l'objet de la risée universelle, les événemens de Lyon et de
Paris avaient fait évanouir les seules inquiétudes sérieuses que
le gouvernement du juste-milieu aurait pu concevoir, et prouvé
en caractères de sang que les libéraux, tant constitutionnels que
républicains, ne pouvaient pas plus compter sur l'armée que les
légitimistes sur les élections ; puis il advint peu de temps après,
et comme pour combler la mesure des désappointemens de ceux-
ci, que les derniers partisans de leurs manœuvres insidieuses
furent écartés de ce sanctuaire de l'exil et du malheur, où
reposent nos seules espérances. Pensez-vous qu'ils en aient
éprouvé quelque salutaire confusion, et que leur orgueil en ait
été abattu? La chute de Satan a-t-elle diminué le sien? Non :
c'est la même arrogance dans le langage ; ils marchent opiniâ-
trément dans ces mêmes voies de perdition où ils ont entraîné
ce qui restait encore en France de l'antique honneur et de l'antique loyauté ; ils rêvent encore (ô prodige de démence !) et
leur réforme parlementaire, et leur majorité, et les deux abdications (1), et un roi-ENFANT à placer comme un mannequin au

---

ceux qui auparavant faisaient le plus de bruit de la nécessité de prêter
ce serment.... *Pharisæi hypocritæ!*

(1) Rien ne leur tient plus au cœur que ces deux abdications ; et dernièrement encore, le journal des légitimistes de Paris est revenu sur ce
sujet. Il présente, avec toute la profondeur d'un publiciste jeune-france,
le côté *politique* de la double abdication ; et il a ses raisons pour la
trouver admirable ; ce qui n'empêche pas qu'on en pense autrement en
France et *hors de France*, partout enfin où il y a des serviteurs *désin-
téressés* de la royauté, et qui n'ont pas perdu le sens. Il est évident
pour eux, et de la dernière évidence, que mettre ainsi les destinées de
la race de nos rois sur une seule tête, ce serait rendre le chemin trois
fois plus court au pouvoir de fait, et décupler les dangers qui envi-
ronnent une tête si chère. En vérité, ce pouvoir aurait payé la feuille
des légitimistes pour parler de la sorte, qu'elle ne pourrait pas mieux
dire, et qu'elle aurait bien gagné son argent. Eh! messieurs, vous qui
faites prêter des sermens au gouvernement actuel, faites-vous une bonne
fois et franchement orléanistes : on saura du moins à quoi s'en tenir.

milieu des jongleries constitutionnelles où déjà ils se pavanent et se distribuent à l'avance les places de jurés-jongleurs ; et leurs éternels avocats, « supériorités intellectuelles de l'époque » ; sont encore la planche de salut qu'ils nous présentent dans ce triste naufrage (1) ! Dans cet abîme de misère et de confusion où ils sont tombés, ils menacent encore ! Ils se prétendent encore le centre d'unité vers lequel, sous peine de mort sociale, doivent converger tous les fidèles du royalisme ; et, de peur de rompre cette précieuse unité, il se trouve encore des dupes qui, tout en avouant leurs fautes et leurs mécomptes, craignent de s'en détacher !

« Voilà, *ma pauvre France*, à quel point nous en sommes ! »

(CORNEILLE.)

À la vérité, les temps sont passés (et c'est une grande consolation) où certains messagers du parti, s'en revenant de leur pélerinage politico-romantique, nous assourdissaient de leurs relations poétiques et sentimentales, dans lesquelles ils osaient associer aux ridicules de tel visiteur les personnages augustes

---

(1) Il est à propos de faire remarquer qu'ils conviennent eux-mêmes de l'impossibilité où ils sont maintenant d'avoir, avant *cinq ans*, une chance même *incertaine* d'obtenir cette réforme parlementaire, au moyen de laquelle ils se font forts de tout rétablir « pour la France et PAR la France. » Or, dans cinq ans, l'*enfant* aura VINGT ANS ! et je crois ne pas me hasarder témérairement en assurant, qu'à vingt ans, il ne sera pas plus *jeune-france* qu'il ne l'est à quinze. En attendant, sa volonté est de rester ce qu'il est, c'est-à-dire *Duc de Bordeaux :* car il a déjà une VOLONTÉ, afin que vous le sachiez ; et bien mal avisé et encore plus mal reçu, serait celui qui, se présentant devant lui, l'appellerait autrement que DUC DE BORDEAUX. Tout récemment encore, à l'occasion du banquet du jour *des Rois*, il s'est exprimé de manière à ne laisser aucun doute à cet égard. La fève lui étant échue en partage, à la fin du repas, il a dit : « Maintenant, messieurs et mesda-» mes, mon rôle est fini ; plus de *Roi boit !* Je n'étais qu'un *Roi de* » *table*, et mon règne a cessé. Mais, permettez moi d'user encore de

qui avaient été visités. Les journaux légitimistes sont donc moins hardis à donner des nouvelles *officielles* de Prague, sachant qu'on les surveille de près maintenant, et ayant déjà essuyé de fort désagréables démentis ; ils ont renoncé à la tactique perfide (et qui malheureusement leur a une fois réussi) de publier comme *déjà fait* à Prague ce qu'il leur convenait *qu'on y fît*, y ramenant tel personnage qu'on avait jugé à propos d'*en faire sortir*, y introduisant tel autre auquel on n'avait jamais pensé, *afin qu'on y pensât* ; insinuant à demi-mot ou la défaveur, ou les intentions suspectes de tel autre, dont les vues droites et le caractère énergique les inquiètent, dont le coup d'œil perçant les a dès long-temps devinés, dont les utiles et nobles conseils les ont déconcertés : ils y ont renoncé, dis-je, s'étant aperçus que, loin de forcer la main par de telles publicités, ils avaient porté malheur à ceux qui pouvaient s'entendre encore avec eux, et que leurs recommandations produisaient un effet contraire à celui qu'ils en attendaient ; enfin ils se montrent moins ardens à porter hors de Prague même leurs flagorneries intéressées ; et de cet autre côté, les chances de leurs cabales politiques ont considérablement baissé, et baissent de jour en jour davantage. Ils en sont maintenant « aux entrevues mys-
» térieuses, aux secrets épanchés dans l'intimité de ces conver-
» sations où l'ami s'abandonne entièrement à son ami ; » et, s'enveloppant ainsi dans un vague où la vérité peut être plus facilement obscurcie, où le mensonge est moins saisissable, ils peuvent repaître encore d'illusions la foule abusée qui les suit, tremblant qu'ils sont de la voir se disperser et les fuir sans retour, au premier rayon de lumière qui luirait à ses yeux.

En attendant que cette lumière éclate, j'essaierai du moins

» ma souveraineté pour proposer de boire à la santé du VRAI Roi , du
» SEUL Roi qui soit ici. » Ces paroles ont été prononcées devant un
nombreux auditoire, et nous défions la jeune France en masse d'oser
le nier.

d'en faire jaillir quelques étincelles ; certes, je n'ai pás l'honneur d'être admis à de si précieuses marques de confiance et à de si hautes familiarités, et si tel voyageur à Prague, que l'on dit avoir été comblé de faveurs si extraordinaires, effectivement ne les a point reçues (et j'ai mille raisons de le croire), peut-être serait-il honorable à lui de ne pas garder le silence sur cette importance qu'on prétend donner à son voyage et à sa réception. Je n'ai donc aucune mission, ni officielle, ni semi-officielle, de mettre au jour les pensées de l'auguste famille et de déclarer ses intentions : c'est à mes risques et périls que je la ferai parler ; c'est à la *soi-disant* jeune France, puis ensuite à la France entière que s'adresseront les paroles que je me hasarde à lui prêter, et, quelle que soit l'audace d'une semblable *fiction*, je ne saisquelle voix intérieure m'assure qu'elle ne parlerait pas autrement, cette royale famille, si réellement elle venait à parler ; et qu'en *redisant* ce que je n'ai point entendu, je n'ai pas à craindre l'affront des démentis donnés à tant de gens qui soutenaient *avoir entendu* ce qui ne leur avait pas été dit :

Voici donc les paroles solennelles qu'il me semble lui entendre prononcer :

[« Nous ne savons ce qu'on entend par *jeune France* et
» *vieille France;* nous savons moins encore ce que sont des
». hommes qui se disent *légitimistes,* et qui écrivent des jour-
» naux dans lesquels ils nous dictent les conditions de nótre
» retour. Nous ne connaissons qu'une FRANCE, qui est la
» plus ancienne des monarchies chrétiennes, et sur laquelle
» notre race a régné pendant près de mille ans, exemple uni-
» que dans l'histoire de toutes les races royales sans exception ;
» et les conditions auxquelles elle a si long-temps régné, nous
» les connaissons. Elles se composaient, avant toutes choses, de
» ce qui est le principe vital de toute monarchie : *le pouvoir
» absolu du roi et l'obéissance des sujets;* et la religion chré-
» tienne faisait que ce pouvoir absolu n'était pas despotisme,
» que cette obéissance n'était pas servitude. Elle seule le pou-

» vait faire ; et, dans ce long cours de siècles, l'histoire est
» là pour témoigner qu'au milieu des troubles et des discordes
» civiles dont la France n'a pas été plus exempte qu'aucune
» autre société, et qui sont l'inévitable partage des choses hu-
» maines, c'est à la source de ce principe vivifiant qu'elle
» ranimait ses forces, retrouvait l'ordre et la paix, et s'avan-
» çait sans cesse vers une civilisation plus parfaite. Le Roi
» ne *mourait jamais* ; la Religion vivait toujours : ce qu'un
» règne avait contracté de dettes envers les peuples, elle le
» redemandait à un autre ; et ainsi se rétablissait l'équilibre
» social par une sorte de miracle que l'on n'admirait pas plus
» qu'on n'admire le soleil, ce miracle étant devenu, comme
» lui, chose ordinaire et commune. Les symptômes de mort
» n'ont commencé à se manifester dans le sein de cette belle
» et noble France qu'au moment où rois et peuples (pour-
» quoi dissimulerions-nous les fautes de nos prédécesseurs ?),
» comme fatigués des biens dont le ciel les avait en quelque
» sorte accablés, ont détourné les yeux des vraies clartés de leur
» foi religieuse et politique, pour suivre les fausses lueurs
» d'une science raisonneuse et impie, qui flattait la vanité des
» monarques en leur persuadant que c'était en eux-mêmes
» qu'ils devaient chercher la raison du pouvoir, qui chan-
» geait l'obéissance des sujets en esprit de révolte, en leur
» persuadant que ce n'était pas de Dieu que venait le pouvoir.
» Ce grand Dieu, que de faibles hommes chassaient ainsi de
» la société, leur infligea le plus terrible châtiment qui soit
» jamais sorti des trésors de sa colère : il OBÉIT et se retira.
» Oui, Dieu s'en alla d'au milieu de nous, et l'on sait ce qui
» en est arrivé ; et la dernière postérité redira quel fut le dé-
» bordement de crimes, de malheurs, d'opprobres, dont la
» coupable France fut inondée ; quels prodiges d'égaremens
» y troublèrent les esprits, quelle anarchie l'ensanglanta,
» quels tyrans la décimèrent, comment nous y revînmes
» lorsqu'elle se débattait dans les convulsions de la mort, et
» par quelle funeste condescendance (cet aveu ne nous coûte

» point) nous consentîmes, comme des pères dont la ten-
» dresse trop indulgente se plie aux caprices de leurs enfans,
» que nos peuples recherchassent les biens qu'ils avaient per-
» dus en continuant de marcher dans les voies qui les leur
» avaient fait perdre ; et telle fut en nous cette faiblesse pa-
» ternelle, que nous nous laissâmes aller à les y chercher avec
» eux. Dieu se retira une seconde fois, et l'univers sait ce qui
» en est arrivé. Or, nous le jurons par ce Dieu deux fois ou-
» tragé, cette épreuve sera pour nous la dernière ; et périssent
» plutôt notre nom et notre race, avant qu'on voie aucun
» de nous tenter désormais sa patience et sa bonté ! Les maux
» de la France sont grands, et nous en gémissons : il est
» à craindre qu'ils ne deviennent plus grands encore ; car
» elle semble se complaire dans l'abîme où elle est plongée, et
» ses séducteurs l'ont tellement fascinée, qu'elle est devenue
» comme incapable d'en mesurer la profondeur. Nous savons
» ce que nous sommes pour elle, et qu'après Dieu lui-même
» nous sommes son salut : qu'elle revienne donc à Dieu, et
» nous reviendrons à elle ; mais *non autrement*. Telles sont
» nos résolutions que rien ne pourra jamais ébranler. Nous
» ne remonterons sur le trône, nous ne consentirons à re-
» prendre le pouvoir qu'aux conditions qui en assurent l'exis-
» tence, qu'à ces antiques conditions qui le fortifiaient en
» le sanctifiant. Faut-il le déclarer hautement ? ceux qui furent
» nos sujets, et qui n'ont pu cesser de l'être, n'ont pas le
» DROIT de nous proposer un pacte nouveau pour le redevenir :
» ce pacte existe depuis quatorze siècles que la monarchie
» française est fondée, et, s'il a éprouvé des changemens, c'est
» le temps seul qui les a produits et développés dans sa marche
» insensible ; et rien de ce qui doit avoir vie et durée dans le
» monde social ne se modifie autrement. Encore un coup,
» nous ne livrerons point la majesté des rois à des peuples sans
» frein, pour qu'ils en fassent de nouveau un objet de ri-
» sées et d'outrages, et, s'ils s'opiniâtrent à périr dans leur
» révolte, nous ne nous ferons point complices de leur perte

» par notre faiblesse ; car, nous le répétons, c'est pour la con-
» servation des peuples que les rois ont été DIVINEMENT institués.
» N'est-ce qu'une poignée de factieux qui, parlant chaque
» jour au nom de la France, osent, dans les vils intérêts de
» leur faction, nous imposer leurs conditions insolentes ? que
» la France en fasse justice elle-même ; que, désavouant ces
» artisans d'intrigues et ces faux mandataires, elle se jette dans
» nos bras prêts à la recevoir. Que si elle était aveuglée à ce
» point (ce qu'à Dieu ne plaise !) que ce fût là son propre
» vœu, qu'elle apprenne de nous une grande vérité, de nos jours
» trop méconnue : c'est que ce sont les peuples qui ont besoin
» des rois, car ils leur doivent l'existence sociale et tous les
» biens qui en résultent ; tandis que les rois ne doivent à
» la souveraineté qu'un vain éclat qui n'a rien de commun
» avec le bonheur, et qui l'exclut même presque toujours. La
» société domestique existe pour les familles royales comme
» pour les autres hommes, et il vaut mieux cent fois pour
» elles vivre avec dignité dans la vie privée, que sur le
» trône sans honneur. Les Stuarts y ont trouvé le repos : si la
» France nous y force, nous l'y chercherons, et nous nous
» éloignerons, en secouant la poussière de nos pieds, de cette
» France endurcie dans son aveuglement, qu'avec l'assis-
» tance du ciel nous voulions sauver, et qui ne l'aura pas
» voulu. Qu'elle avise alors à se sauver elle-même SANS DIEU
» ET SANS LE ROI. »

V.

*Omne regnum divisum contra se, desolabitur;
et omnis civitas, vel domus, divisa contra se,
non stabit.*

MATTH. XII, 25.

L'espace me manque, et cependant je me hasarderai à renfermer dans quelques pages ce qui fournirait la matière d'un
volume.

Tout, dans le monde des intelligences, gravite vers l'unité,
qui est Dieu; et tout y est d'autant plus parfait, qu'il approche
davantage de cette infinie et sublime Unité : aussi voyons-nous
la société, au moment même où l'homme sort des mains de son
créateur, se former dans l'unité du pouvoir paternel, pour se
développer d'après ce type primitif dans l'unité du pouvoir monarchique. En effet, cherchez dans les temps les plus anciens,
en descendant jusqu'à ces temps de la Grèce et de Rome qui
peuvent sembler *modernes* en comparaison, vous n'y trouverez
pas un seul exemple (et ceci est sans exception) de ces gouvernemens laborieusement combinés qu'on appelle *républiques;* et
ces mêmes gouvernemens, l'histoire nous les montre ensuite,
après de longs déchiremens qui prouvent peu en faveur de ces
inventions purement humaines, ou détruits par la conquête, ou
ramenés par l'invincible force des choses à cette unité monarchique, qui semble être partout la première condition de la vie et
de la durée sociales.

Je ne puis m'arrêter à tracer même une imparfaite ébauche de
ces républiques qui ne furent, dès leur origine et jusqu'à leur
fin, que des gouvernemens arbitraires, oppresseurs, où la tyrannie des gouvernans était d'autant plus violente qu'elle avait plus
d'obstacles à vaincre, les lois fondamentales de l'Etat consacrant
avant toutes choses l'esprit de révolte des gouvernés. Il s'agit

ici des monarchies : or, que l'on parcoure encore les annales des sociétés primitives, qu'on les soumette aux investigations les plus savantes et les plus minutieuses : partout où le pouvoir monarchique y est définitivement constitué, on l'y trouvera *absolu*, c'est-à-dire, suivant la signification de ce mot, « libre » de toute sujétion, agissant dans son entière plénitude, sans » diminution, sans partage, sans rien de ce qui implique con— » tradiction avec l'idée de *pouvoir* (1). » Ni les rois, ni les peuples ne l'y conçoivent autrement ; les langues d'alors n'ont point de terme qui exprime « un pouvoir politique balancé par un autre ; » et c'était là pour eux un *non-sens*, qui en effet ne pouvait être exprimé. Ainsi fut constituée la monarchie dans cette partie du monde que peupla l'immense postérité de Sem et de Cham : l'Orient nous la présente encore aujourd'hui telle qu'elle fut alors établie ; et, puisque depuis tant de siècles on n'y a rien changé, il y a quelque apparence qu'on trouve bon qu'il en soit ainsi.

Toutefois, ce serait une grande erreur de croire que le pouvoir absolu des monarchies orientales, que, d'après Montequieu, on appelle chez nous *despotisme*, fût absolument sans limites (2). Ce pouvoir n'était pas sans doute limité dans son *exercice légitime :* il y agissait avec toute liberté, et, il le faut avouer, l'étendue de ces limites était telle qu'à peine on pouvait les apercevoir ; cependant elles existaient réellement, rien n'étant infini dans les choses créées. Les coutumes, les mœurs,

---

(1) *Absolu* vient du verbe latin *absolvere*, participe *absolutus*, lequel verbe n'est lui même qu'une transformation du verbe grec ἀπολύω ; *solvere*, *a* ou *ab* sous-entendu *vinculis*. C'est là de l'érudition de collège.

(2) Cette distinction *savante* entre la monarchie et le despotisme est une des absurdités fondamentales de son *Esprit des lois*, que madame du Deffant appelait si spirituellement et avec tant de justesse, *de l'esprit sur les lois*.

les traditions superstitieuses, et jusqu'au fanatisme des cultes idolâtriques, lui opposaient des barrières qu'il n'osait franchir : il se modérait souvent de lui-même, là où l'obéissance était tellement passive, que la violence eût été inutile et même insensée pour le tranquilliser et l'affermir; enfin, s'emportait-il au-delà de toutes les bornes? alors s'exécutait la clause terrible de je ne sais quel pacte tacite qu'on dirait avoir été conclu entre ces peuples si soumis et ces rois si redoutables, pacte qui n'est point encore abrogé, et par lequel ils semblent leur dire : « Faites de nous ce que vous voudrez, et quand nous serons » las, nous vous égorgerons. »

Me croirait-on assez dépourvu de sens pour admirer un tel état de société? Certes, ce sont là de graves inconvéniens, et l'on a raison d'en être effrayé; mais, je le répète, l'erreur est de croire (et cette erreur est aujourd'hui universellement répandue) que c'est de la nature même du pouvoir *absolu* que sortaient et que sortent encore d'aussi fâcheuses conséquences. Elles avaient et ont encore leur principe dans les corruptions du paganisme, et en général de toutes les fausses religions où une morale *incertaine*, parce qu'elle est fondée sur des dogmes erronés, souvent même abominables et anti-sociaux, ne présentant presqu'aucun frein aux passions, même aux plus atroces et aux plus licencieuses, tout périrait si le pouvoir politique ne s'y accroissait de toute la force qui manque au pouvoir religieux. Et ce qui le prouve, c'est que, dans ces vastes empires de l'Orient, ce pouvoir politique qui nous semble si illimité, devient le plus doux et le plus paternel qu'il soit possible d'imaginer, là où il rencontre une loi religieuse qui adoucit les mœurs des peuples et les façonne à l'obéissance : la Chine en est un exemple frappant. La nature même du *pouvoir*, en tant que *pouvoir*, est donc indépendante de semblables accidens; il peut être plus ou moins resserré dans le cercle social où il exerce son action; mais quelles que soient les limites de ce cercle, que mille causes presque toujours occultes, et où surtout ne se montre pas la main de l'homme, ont pu lui tracer, il doit, sous peine de n'être plus *pouvoir*, y agir librement, c'est-à-dire *absolument*; et c'est en ce sens que je soutiens que, depuis que le monde existe, dans toutes les sociétés, grandes ou petites, et quelles qu'elles puissent être, le pouvoir n'a jamai eu, n'a jamais pu avoir les conditions de son existence et de sa durée, s'il n'a été *absolu*.

La race de Japhet, cette race audacieuse et turbulente (*audax Iapeti genus*), qui, se précipitant dans les contrées plus âpres de l'Europe, se sépara ainsi violemment des traditions si religieusement conservées dans l'Asie, et, jusqu'à oublier que cette terre avait été son berceau, suivit une marche bien différente de celle des peuples de l'Orient. On la voit, long-temps stationnaire et comme si elle eût pris plaisir à rester dans son enfance sociale, couvrir le territoire sur lequel elle s'était répandue de petites agrégations d'hommes, dans lesquelles le pouvoir domestique, c'est-à-dire de la famille, avait une prépondérance marquée, où les attributions du pouvoir politique, l'état de guerre excepté, étaient presque nulles, ou du moins les plus circonscrites qui se puissent concevoir. Cependant, au milieu de ces petites sociétés, et par un concours de circonstances extraordinaires (les plus curieuses peut-être parmi tous les événemens humains, mais sur lesquelles je ne puis jeter ici le coup d'œil même le plus rapide et m'arrêter un seul instant), se formait par d'insensibles degrés une grande nation qui, après avoir commencé avec ces traditions du pouvoir que l'on peut appeler *européennes*, avait fini, en s'agrandissant outre mesure, par introduire dans la plus grande partie de l'Europe les traditions orientales. Je n'ai pas besoin de nomme a République romaine, devenue depuis l'Empire romain; et, passant non moins rapidement sur les temps de son incomparable et prodigieuse puissance, je me transporterai à cette époque, l'une des plus mémorables du monde, où ce colosse tomba et fut morcelé par cette foule de nations barbares dont il était entouré, qui depuis long-temps le harcelaient de toutes parts, et avaient appris de lui les

moyens de le vaincre et de le terrasser. De ses débris se formèrent les royaumes dont s'est composée depuis cette grande
société, la merveille des sociétés humaines, que, jusqu'à la nais-
sance du protestantisme, on a si justement appelée la *chrétienté*.
Cette société commença par la France, cette France qui reçut
le noble nom qu'elle a si long-temps porté et avec tant d'honneur, de cette agrégation de peuples connus sous le nom
générique de *Francs*, qui firent la conquête des Gaules et
s'y établirent.

Je ne sais si l'on peut donner le nom de rois à ces chefs de
tribus germaines, qui n'avaient réellement d'autorité sur leurs
compatriotes que quand ils les conduisaient à la guerre, la
paix les faisant rentrer dans un état de société qui différait
très-peu de la société domestique et patriarcale. A la vérité,
nous apprenons de Tacite qu'il existait parmi les Germains des
familles dans lesquelles chaque tribu prenait ses chefs, et qu'il
appelle *royales*; mais il n'en est pas moins vrai que rien ne
ressemble moins à la royauté que leurs attributions ou prérogatives; et si l'on remonte avec quelque attention aux temps qui
précédèrent la conquête, qu'on s'arrête sur ceux qui la sui-
virent, et surtout qu'on fasse un tel examen en se débarras-
sant de tous préjugés, on n'aura pas de peine à reconnaître que
la royauté proprement dite ne commença réellement chez ces
peuples d'outre-Rhin que dans ceux de leurs chefs dont les Empereurs avaient éprouvé la fidélité, et qu'ils avaient chargés, en
les élevant à des dignités romaines, de gouverner leur nation
pour les Romains; et tel était encore le prestige attaché à ce
grand nom de Rome, même lorsqu'elle touchait à sa ruine,
qu'on vit ces barbares, à la fois rois et officiers de l'Empire (1), bien loin de se croire avilis par ces dignités romaines,
n'ambitionner rien tant que d'en être revêtus. On peut dire

____

(1) *Tacit. Vita Agricolæ*, c. 5. — *Ammian.* Lib. 26, 29, 31.

qu'ils faisaient, au milieu de leurs forêts, l'apprentissage de la royauté (1).

On sait que la faiblesse toujours croissante de l'Empire, dont ils défendaient de ce côté les frontières, leur fit naître la pensée de s'emparer du pays qu'ils avaient long-temps gardé pour leurs anciens maîtres, et que Clodion fut le premier de ces princes révoltés qui passa le Rhin. Mais ce qui est moins connu, c'est que, même après ce premier pas qui les établissait dans les Gaules, ce ne fut qu'à l'aide des dignités romaines, dont les titres les recommandaient à la vénération des peuples, qu'ils purent étendre leur domination dans cette vaste province, où il y avait encore des troupes romaines aguerries et nombreuses qui auraient arrêté leur marche, et dont la résistance eût peut-être fait changer la marche des événemens. Childéric fut donc à son tour officier de l'Empire (2); son fils Clovis succéda à ses dignités, et ces dignités lui semblaient d'une telle importance pour l'affermissement de ses conquêtes, que, déjà maître de presque toutes les Gaules, il reçut avec une joie inexprimable le brevet de consul, les insignes qui y étaient attachés, le titre d'ami de l'Empire et de patrice des Romains, qui lui furent envoyés par l'empereur Anastase (3). L'*hommage* qu'il avait obtenu des Francs, pour toutes les terres nouvellement conquises, l'avait fait leur *suzerain* : ce furent ces dignités réunies qui en firent

---

(1) Tacite dit formellement que ces rois tiraient leur force et leur pouvoir de *l'autorité romaine*. (*De Morib. German.* Cap. 15.)

(2) Il reçut de l'empereur une dignité qui lui donnait l'administration des affaires militaires; et nous aprenons d'Hincmar que ce fut à raison de cette dignité qu'il fit reconnaître son autorité jusqu'à Angers, quoique son royaume ne se fût jamais étendu jusqu'à Paris, ainsi qu'il est prouvé par l'histoire de Clovis. (*Ep. Hinc. Episc. Rem.* — Voyez Duchesne.)

(3) *Greg. Tur.* Hist. Lib. II, Cap. 38.

un roi. Les confédérés armoricains entrèrent alors en alliance avec lui ; les soldats romains ne firent plus difficulté de
se reconnaître ses sujets, et toutefois ce fut sous la condition
expresse qu'ils ne le seraient pas à un autre titre que les Francs
eux-mêmes , et qu'ils jouiraient à l'égard de leur suzerain de
tous les avantages de la loi salique. Les familles romaines *militaires* conservèrent donc tous les avantages et prérogatives
qu'elles avaient possédés sous l'Empire , furent assimilées à
celles des Francs, gouvernées par les mêmes lois ; tandis que le
reste de la population romaine , c'est-à-dire les habitans des
bourgs et le menu peuple des cités , continuèrent d'être soumis, sous le nom de *tributaires* , aux lois et aux formes de l'administration romaine , dont néanmoins les rigueurs furent extrêmement adoucies à leur égard. Leur condition sociale fut à
peu près la même que celle des serfs et colons qui peuplaient les
campagnes, et y vivaient sous l'administration particulière, autrement dite domestique , des seigneurs et propriétaires de
terres auxquels ils appartenaient. Les premiers étaient en quelque sorte les esclaves du roi ; les seconds l'étaient des vassaux
et hommes *libres.* Voilà ce qu'il faut comprendre pour se faire
une juste idée de la monarchie française sous les deux premières races.

Ces bourgs et ces cités avec leur nombreuse population , les
domaines immenses qui leur appartenaient en propre , telles
étaient les parties de leur royaume sur lesquelles les rois francs
exerçaient une véritable domination monarchique. Dans cette
part de leur administration , ainsi que dans le droit de rendre la justice qui était leur droit exclusif tant à l'égard des
grands que des petits, on retrouvait la hiérarchie presque entière de l'ancienne police romaine ; et en effet, c'était une province romaine que cette Gaule qu'ils avaient conquise, et les
lois de l'Empire étaient des lois de sujétion qu'il n'était pas de
leur intérêt de changer pour y substituer l'extrême licence
des lois saliques. Sauf quelques légers changemens dans les
dénominations, ces rois conquérans adoptèrent donc toutes

les magistratures qu'ils trouvèrent établies dans le pays conquis. Ils eurent, comme les empereurs, des ducs et des comtes des provinces, des comtes des cités, des recteurs ou juges des cités et des provinces, des préfets dont l'autorité était au-dessus de celle des comtes, etc. ; et tous ces hauts officiers, les uns civils, les autres militaires, présidaient divers tribunaux où étaient jugés, à différens titres, les Romains, les barbares, les soldats, les provinciaux (1). L'économie intérieure des villes ne changea pas, et long-temps après la conquête on y trouva le *Décurionat* (2), qui en était la première magistrature municipale; les deux classes de leurs habitans, les uns désignés sous le nom de *bons hommes* ou *bons manans* (*boni viri*), les autres sous celui de *tributaires* ou *coutumiers* (*plebs*) (3) ; enfin les assemblées provinciales des cités (4). Les *commissaires* ou lieutenans du Roi, qui parcouraient les provinces pour y exercer en première instance la haute juridiction sur les vassaux de la couronne ; lesquels ne rele-

____

(1) *Ibid. Lib.* VI, c. 2. — *Lib.* VIII, c. 43. — *Aim. Lib.* III, c. 46. — *Cassiod. Variarum,* Lib. VI. — *Marculf. form.* Lib. I, Tit. 8. — *Cod. Théod. Lib.* I, *Tit.* 6, *leg.* 1.

(2) *Marculf. form.*

(3) *Aim. Lib.* III, cap. 4-6. — *Capit.* An. 801, c. 20.

(4) Sous l'Empire romain, ces assemblées avaient pour objet de fournir aux provinciaux un moyen de se plaindre sans danger de la tyrannie des magistrats ordinaires. Aussi n'étaient-ce pas eux qui y assistaient de la part des Empereurs : ceux-ci y envoyaient des officiers palatins, qui ne paraissent pas y avoir eu d'autre fonction que celle de recevoir les cahiers de la province. On donnait le nom de *Décret* à ces cahiers, et celui de *Rescrit* à la réponse qu'y faisait l'Empereur. De cette espèce sont ceux qu'on trouve dans le Code, sous ce titre : *Ad Provinciales.*

Les provinces tenaient aussi des assemblées extraordinaires : celles-ci étaient plus particulièrement destinées à faire des représentations et à présenter des suppliques sur l'énormité des impôts. On y réglait aussi le

vaient pas des tribunaux provinciaux (1), rappelaient par leurs attributions les anciens agens des empereurs (*agens in rebus*); enfin, au dessus de cette hiérarchie administrative et judiciaire, s'élevait la *Cour palatine*, et encore au dessus de celle-ci le *Plaid du Roi*, auquel tous pouvaient appeler des dénis de justice des autres tribunaux. Quant aux finances royales, elles répondaient à autant de branches des finances romaines, et se composaient des contributions des villes, des parties casuelles, du produit des terres *fiscales*, c'est-à-dire des domaines royaux, qui étaient très-considérables, et dont les habitans,

---

don gratuit que les villes faisaient quelquefois à l'Empereur, sous le nom d'*Aurum coronarium* (or coronaire) (*Cod. Théod. Lib.* XII, *Tit* 12).

On retrouve donc ces mêmes assemblées sous les rois des deux premières races : et l'on voit que les bourgeois y étaient représentés par leurs *défenseurs*, espèce d'officiers publics qui tenaient quelquefois la place de présidens des cités (*Capit.* Lib. V. — 547). Mais ces *défenseurs* ayant été supprimés, les habitans des villes cessèrent d'avoir des représentans dans les assemblées générales et particulières ; et comme ils n'y avaient jamais paru *en personne*, leur expulsion fut considérée comme naturelle et nécessaire. Ils n'y reparurent que sous la troisième race, et fort tard.

Telles furent, dans leur l'origine, ces assemblés provinciales, l'un des textes sur lesquelles la *Gazette* dite *de France* a déraisonné, pendant des années, avec le plus d'intrépidité et d'ignorance.

(1) Le royaume était divisé en département ou ressorts, nommés *Missaties*. Dans leurs attributions, les *Commissaires* représentaient presque toute la justice du roi. Ils pouvaient citer devant leur tribunal les Comtes, les Evêques et les autres vassaux de la couronne, et prononcer contre eux un jugement de première instance ; ils étaient autorisés à destituer et à remplacer les juges, les vicomtes, les prévôts les assesseurs et les avoués royaux qu'ils trouvaient avoir prévariqué ; enfin « le peuple était informé que c'était aux *Commissaires* qu'il devait s'adresser pour obtenir justice, lorsqu'il en avait été frustré par l'impuissance, la négligence, ou la mauvaise volonté du Comte » (*Cap. An* 823, c. 26-28. — 3°. *cap. An.* 812, c. 8.)

nommés *fiscalins,* formaient un peuple au milieu d'un autre peuple. Certes, dans cet aperçu rapide et nécessairement très-incomplet des droits et prérogatives du prince, nous trouvons un caractère vraiment royal et tout ce que renferme l'idée de monarchie.

Mais, d'un autre côté et comme un contrepoids terrible, s'élevaient, et cette nation indomptable des Francs qui avait aidé ses rois dans leurs conquêtes, et ces familles romaines *militaires*, qui, ayant composé avec eux pour l'affermir, avaient acquis tous les priviléges des Francs, et ainsi que je viens de le dire, étaient aussi gouvernées par les lois saliques. Or ces lois, tout en reconnaissant une seule famille comme *royale*, laissaient aux Francs la faculté de choisir leurs rois parmi ses membres, sans avoir égard au droit de primogéniture, ni même à la descendance directe du roi décédé (1), rejetant celui qui était *enfant* ou *débile*, s'attachant, selon leur bon plaisir et souvent en opposition les uns avec les autres, à tel ou tel de ces princes qu'ils jugeaient *robuste, brave, utile* à la nation, par conséquent digne de les commander (2) ; et en ce sens, on peut dire que la qualité d'héritier ne différait pas de l'éligibilité (3). Ce n'est pas tout : parmi ces *camarades* du Roi, comme les appelle Tacite, il y en eut qui, lors de la conquête,

---

(1) Clovis ne connaissait que trop cette loi, et voilà pourquoi il conçut ataffectua le dessein de faire périr tous les princes de son sang, afin d'ôter aux Français *la liberté du choix.* Lorsqu'il crut les avoir exterminés : « Qui sera mon vengeur, s'écria-t-il ? quelle sûreté y a-t-il pour mes jours ? je n'ai plus de parens. » Ces paroles étaient un piége pour découvrir si quelques-uns d'entre eux ne lui étaient pas échappés ; mais personne ne se présenta pour revendiquer l'honneur dangereux d'être du sang royal. (Greg. Tur. *Fist. Lib.* 2, Cap. 40-42. — Aim· *Lib.* 1, C. 23.)

(2) Aim· *lib.* 3, C. 70.

(3) C'est en ce sens que les Evêques de France disaient à Charles-le-Chauve « que le royaume de France lui avait été laissé par *hérédité,* » quoiqu'il fût né du second mariage de Louis-le-Débonnaire avec Judith;

refusèrent ses dons pour conserver leur entière liberté , et de-
meurèrent *libres*-propriétaires , ce qui leur donnait le droit de
ne le suivre à la guerre que lorsque cette guerre avait été résolue par la *nation ;* d'autres , ayant accepté des *fiefs* , concession d'origine purement romaine (1), furent , par cette accep-
tation , soumis à toutes les conditions militaires qui dépendaient de cette espèce de *bénéfices* , et la plupart se firent en
même temps *vassaux* , autrement dit *hommes* de leurs seigneurs , selon une coutume d'origine entièrement barbare (2) ;
car les rois ne donnèrent guère de bénéfices sans exiger la
vassalité ; et ce fut là un changement tout à leur avantage qu'a-
mena la conquête , une immense quantité de terres s'étant

---

et que par conséquent il n'eût pas eu partage avec ses trois frères , Lo-
thaire, Louis et Pépin , issus du premier mariage de l'Empereur avec
Ermengarde. (*Car. calv. Cap. Tit.* 2 , *C.* 4.)

(1) Comme *bénéfice* , le fief était , sous l'Empire , la récompense des
vétérans ; comme *terre frontière* , il imposait l'obligation de défendre
une tour, un château, un retranchement. Le président Hénault , qui ,
dans cette espèce de Table des matières très incomplète, très-inexacte ,
à laquelle il travailla pendant soixante ans de sa vie , et qu'il appelait
plaisamment *Abrégé chronologique de l'Histoire de France* , s'est
montré , sur les *origines* de la monarchie , d'une ignorance qui étonne
dans un magistrat., ne déraisonne, sur aucun point d'antiquité, plus
étrangement que sur les fiefs : « Les Romains , dit-il , neconnaissaient
pas les fiefs » ; confondant ainsi l'idée de *fief* avec celle de *vassalité*.

(2) On en trouve l'origine dans cet usage où étaient les Germains de
se choisir un prince auquel ils se dévouaient par un serment « qui ne
» leur permettait pas de lui survivre sans infamie , lorsqu'il avait été
» tué dans le combat ; qui leur faisait un devoir de le défendre jusqu'à
» le couvrir de leur propre corps , et de faire tourner à sa gloire leurs
» plus belles actions. » (Tacit. *De Morib. German.* c. 5) Or, conformément à cet usage , et dès les premiers tems de la monarchie , ce
fut une loi , ou du moins un usage constant, que , pour être *bénéficier*
de quelqu'un il fallait d'abord se faire son vassal ; et la cérémonie du
vasselage précédait toujours l'octroi du fief. (*Cap. pro Hispah.*)

ainsi trouvée à leur disposition et leur ayant fourni les moyens de se faire, par des concessions de ce genre, un nombre considérable de vassaux. Des fiefs naquirent donc les vassaux, qui eurent des arrières-vassaux autant que le fief en pouvait comporter. Mais la différence qui s'établit alors par la nature même de leurs possessions, entre les propriétaires libres et les grands vassaux, blessant l'orgueil de ceux-ci, les porta à employer toutes sortes de moyens, souvent de très-coupables moyens, pour dénaturer leurs fiefs; et ils y réussirent presque entièrement. Cette usurpation des fiefs ne se fit qu'à la longue : toutefois, et dès l'origine, ni l'hommage *simple* que rendait le *libre*-propriétaire, ni l'hommage-*lige* que rendait le vassal, n'ôtait à l'un et à l'autre le privilége de *membre de la nation*, c'est-à-dire le droit de faire partie de ce corps délibérant qui partageait le pouvoir politique dans des assemblées dites *Plaids généraux*, que les rois étaient dans l'obligation de convoquer annuellement, et même deux fois par an.

Là était le vice radical de cette monarchie : dans les *Plaids généraux*, et particulièrement dans le *Plaid de mars*, le Roi n'était plus que le chef ou président d'une nation *armée*, qui décidait avec lui de la paix et de la guerre, qui même avait le droit d'entrer dans l'examen et dans la discussion de la haute administration publique, en tout ce qui touchait les intérêts généraux du royaume (1). Là se rendait tout ce peuple MILI-

---

(1) Le *Plaid d'automne* avait pour principal objet *la réception des présens*. Il n'y assistait, selon Hincmar (*Ep. Tit.* 14, *C.* 30) que les *anciens* ou premiers sénateurs du royaume, tant clercs que laïcs, et les principaux conseillers du roi qu'il désigne sous le nom de *Proceres*, et au nombre desquels il met les commissaires employés dans les *Missa-ties*. On y délibérait, avant toutes choses, de ce qui intéressait « le salut ou l'état du Roi et du royaume; » on y préparait, dans le plus grand secret, toutes les grandes mesures, tant pour la paix que pour la guerre, qui devaient être présentées l'année suivante au *Plaid du printemps*.

TAIRE (*populus militaris*), lequel, dans sa partie délibérante, ne se composait néanmoins que des vassaux immédiats et des principaux membres du clergé, mais qu'accompagnait presque toujours la foule des arrières-vassaux qui, sans avoir autorité, n'étaient pas entièrement exclus des délibérations (1).

---

(1) Ce *Plaid du printemps*, dit *Assemblée de Mars*, était réellement le *Plaid général*, auquel tous les francs, c'est-à-dire tous les *nobles*, tous les hommes *armés*, avaient le droit d'assister. Son origine se perd dans celle de la monarchie ; et le premier exemple qu'on en rapporte (sous Clovis) est accompagné d'une circonstance qui prouve qu'en effet cette assemblée était ouverte, sans exception, à tout le « peuple militaire. » (Aim., *Lib. I, Cap.* 12.) « On y réglait, dit Hincmar (*Loc. cit.*), » l'état de tout le royaume pour le courant de l'année ; et ce qui avait » été ainsi réglé, aucun événement ne pouvait le déranger... A ce *Plaid*, » assistait la généralité de tous les *majeurs* (vassaux immédiats), clercs » et laïcs, pour diriger les résolutions ; les *mineurs* (arrières-vassaux), » pour *recevoir* ces *résolutions*, quelquefois pour en traiter eux-mêmes » et pour les confirmer, *non par autorité*, mais par leur propre intel- » ligence et leurs avis. » Si quelque expédition guerrière avait été résolue, comme c'est le moment d'entrer en campagne, chacun se trouvait en armes au rendez-vous désigné. Souvent les rois Mérovingiens furent obligés d'employer les discours les plus pathétiques pour déterminer ces hommes altiers et presque intraitables à consentir à la guerre; et en un tel cas, c'était l'*indignation* qui leur mettait les armes à la main. (Greg. Tur., *Hit.*, *liv. III*, *cap.* 7.) Quelquefois c'était eux-mêmes qui forçaient le monarque à combattre, malgré son désir de conserver la paix ; et alors, ils s'emportaient aux plus grandes violences, et il y avait même danger pour ses jours, s'il refusait de marcher à leur tête. (*Ibid.*, *lib. IV*, *cap.* 14.) Ces faits prouvent l'autorité légitime dont jouissaient les Francs en ce qui concernait la guerre, et l'abus qu'ils en faisaient. Les mêmes maximes subsistèrent sous les Carlovingiens; et sous l'une et l'autre race, les exemples en sont innombrables.

Telle était cette noblesse « toute couverte de sueur, de poussière et de sang » ainsi que le dit énergiquement Montesquieu, que des gazetiers, à la fois ignorans et impudens, ont représentée comme une *multitude* composée de *tout* ce que la France contenait d'habitans, parce qu'il leur a plu, au moyen de la suppression de l'épithète *militaris*, de

C'était là une loi fondamentale, une loi dont cette nation al-
tière était tellement jalouse, que ni le conquérant des Gaules,
ni les plus guerriers et les plus victorieux de ses successeurs,
ni Charlemagne lui-même au faîte de sa puissance, n'osèrent
jamais l'enfreindre. Ainsi les rois avaient une armée dont ils
n'étaient les maîtres, que quand il lui plaisait de leur obéir et
de les suivre. C'était là un reste *précieux* des coutumes que ces
hordes barbares avaient apportées avec elles du fond de leurs
forêts (1) ; et c'est là qu'il faut chercher les causes de la chûte
des deux premières races : elles s'y trouvent écrites presque à
chaque page de leur sanglante histoire (2).

En effet, si nous nous arrêtons aux apparences, le lien de
la vassalité est si fortement établi, tant sur la foi des sermens
que sur la rigueur des lois pénales, qu'il ne semble pas pou-

---

traduire le mot latin *populus* par un mot français équivalant à *populace*.
Et pendant des années, une grande partie de la France a été le jouet
des sophismes grossiers qui ont été établis sur cet abus de mot, sur ce
misérable mensonge historique ! et l'on en a inféré, comme loi FONDA-
MENTALE de la monarchie, le *vote universel* des contribuables, tandis
qu'il est prouvé, par la nature même de ces assemblées, que CEUX-LA
SEULS Y VOTAIENT, QUI NE PAYAIENT PAS D'IMPOTS ! Pour que
de semblables charlatans d'érudition obtiennent de semblables succès,
il faut des temps tels que les nôtres (et il n'y en eut jamais), où des
milliers de créatures, douées d'intelligence et créées à l'image de Dieu,
se livrent en quelque sorte corps et âme à un journaliste, ne pensent
que par lui, ne jurent que par lui, ne vivent que par lui, ou pour mieux
dire se transforment en lui, et se plaisent à s'abrutir dans une semblable transformation !

(1) C'est ce qui a fait dire à Montesquieu que « ce beau système (la
» constitution d'Angleterre) avait été trouvé dans les bois ». C'est là en
effet qu'il devait naître ; et comme il tend sans cesse à repousser les
hommes vers l'état sauvage, c'est là, s'il continue à régir les sociétés,
qu'il doit immanquablement les ramener.

(2) Ces deux races ne durèrent ensemble que l'espace de 5o6 ans; et ce
temps, on peut l'appeler court, si on le compare à la durée de la troisième.

voir être facilement rompu. Cependant rien de plus fragile en réalité : si le vassal promettait fidélité, le Roi promettait justice ; et l'on peut comprendre ce qui advenait d'un contrat où le sujet, *juge dans sa propre cause*, pouvait à tous momens se révolter, sous prétexte que les conditions n'avaient pas été remplies par son seigneur ; et en effet les défections et les révoltes, qui, à certaines époques, éclataient de toutes parts et remettaient tout en question dans l'ordre politique, avaient toujours pour motif et pour excuse *le déni de justice*. La multiplicité des héritiers au trône leur ôtait même le caractère odieux dont de tels actes furent partout et de tous temps entachés ; car elles ne présentaient le plus souvent que l'acte légitime d'un vassal qui se croyait délié de son serment envers un suzerain qu'il accusait de n'avoir pas tenu le sien. Sous un prince guerrier et d'un grand caractère, dont le bras victorieux avait su rassembler un moment tant de parties incohérentes d'un système monarchique si mal constitué, tout allait bien : il entraînait après lui la multitude des hommes libres, c'est-à-dire cette nobleesse « du second ordre » (*minores*) qu'enthousiasmait par dessus tout la gloire militaire ; et les grands vassaux, trop faibles pour résister à ce torrent, étaient forcés de se soumettre : ceux qui se révoltaient étaient comprimés ou punis. Mais s'il arrivait qu'un nouveau partage de la royauté vînt la diviser et l'affaiblir, ou qu'un prince indolent et timide montât sur le trône, les désordres, les révoltes, les usurpations, renaissaient de toutes parts. Ainsi se formèrent, sous les Mérovingiens, les ligues des grands officiers de la couronne à l'effet de se maintenir dans l'exercice de leurs charges et dignités, soutenus qu'ils furent par les Maires du Palais, qu'ils favorisaient de leur côté dans les projets de leur vaste ambition (1). Ainsi se formèrent les Duchés d'Aquitaine,

---

(1) Ce nom de *maire*, dont l'origine est romaine, indiquait le grand officier qui présidait à la maison impériale. Sous les premiers Mérovin-

d'Austrasie, de Neustrie, de Champagne, de Provence, etc.
A la vérité, Pepin-Héristel, l'un de ces Maires du Palais
devenus si puissans sous les derniers princes de cette race dé-
générée, attirant à lui, et par sa politique et par son courage et par l'influence que lui donnait sa haute dignité, les
vassaux du second ordre et la foule des hommes libres non
propriétaires, et les déterminant à se confédérer avec lui,
sut contenir les grands vassaux, et arrêter la chute de la
monarchie dont il n'eût pu tenter sans péril de se rendre
maître. Charles Martel son fils avança encore son œuvre ; et
tout plia tellement sous lui, que pour régner il ne lui manqua
que le titre de roi ; mais, tout en forçant ces vassaux orgueilleux
à courber la tête, il se garda bien de leur enlever les prin-
cipautés qu'ils s'étaient faites, et le droit héréditaire qu'ils y
avaient usurpé : car, leur laissant ce droit, il confirmait celui
qu'il s'était fait à lui-même comme Duc d'Austrasie, ou plutôt
que l'usurpation de son père avait remis entre ses mains.
Ainsi s'ouvrit les voies du trône cette race des Carlovingiens,
qui présenta le phénomène, unique dans l'histoire, de quatre
chefs ou rois, d'un génie supérieur, tant dans la paix que dans
la guerre, se succédant immédiatement dans une même famille ;
et après le second Pepin, Charlemagne fut roi malgré les
grands vassaux, parce que la multitude guerrière que son
père, son aïeul et son bisaïeul avaient si souvent conduite à la
victoire, chercha vainement, dans ce qui restait des Mérovingiens, un prince qui pût être *utile* à la nation.

Les mêmes causes devant nécessairement produire les mêmes
effets, l'histoire de la race Carlovingienne et de sa chute sem-

---

giens, on voit qu'il y avait plusieurs officiers domaniaux auxquels il appartenait aussi bien qu'au maire principal. (Greg. Tur., *lib. IX, cap.*
36.) Aimoin (*lib. III, cap.* 34) l'appelle indifféremment *maire de la
maison* et *comte de la maison.* Sous les rois Carlovingiens était ainsi
appelé l'intendant de chaque maison royale.

(76)

ble être une répétition de celle de ses prédécesscurs , avec cette
différence que la perte fut encore plus rapide, que les calamités qui l'accompagnèrent furent encore plus grandes, parce
que la dégénération des princes de cette seconde race commença immédiatement après sa fondation, ce qui n'était pas
arrivé pour les descendans de Clovis. Le cœur se soulève
lorsqu'on lit ces pages déplorables de nos annales : un royaume démembré ; des rois élus, dépossédés, réélus ; des vassaux
qui se jouent de la foi jurée, et pour qui la révolte est devenue
un besoin, un calcul et comme une habitude ; le domaine de
l'Etat envahi, de toutes parts ; les biens de l'Eglise, dont le
pillage avait commencé dès la fin de la première race , pillés
avec plus d'audace et d'impunité que jamais ; les fiefs de la
couronne rendus une seconde fois héréditaires , non plus par
usurpation, mais par une loi émanée du trône et qu'arra-
chaient à un faible monarque (1) le malheur des tems et les
dangers imminens d'une invasion étrangère ; tous ces maux
devenus d'autant plus irrémédiables, que les hommes libres
non propiétaires, ayant à leur tour acquis des propriétés dans
ce pillage général, s'étaient faits vassaux de vassaux plus puissans qu'eux , afin d'en être soutenus et protégés. Ainsi se trouvaient ces rois Carlovingiens abandonnés par ceux-là mêmes
qui leur avaient ouvert le chemin du trône, et qui maintenant, réunis à leurs ennemis, travaillaient à les renverser.
    Telle fut la royauté sous les deux premières races, si l'on
peut donner ce nom à une forme de gouvernement jusqu'alors
sans exemple, où le même prince, qui régnait *absolument* sur
une portion de ses sujets, n'était à l'égard des autres que le
chef d'une aristocratie armée et turbulente, qui, dans les plus
hautes questions de l'administration politique, ne lui laissait
plus que le vain titre de roi ; qui pouvait encore affaibir à son

____

(1) Charles-le-Chauve (*Cap. Car. Calv.*, titre 53.-*Annuntia. cap.* 3).

gré ce pouvoir déjà si faible, si chancelant, en le partageant entre plusieurs concurrens; qu'inquiétait et importunait ce que la conquête avait donné à son chef d'ascendant sur les peuples conquis, et à ce point que, pour n'être pas quelque jour dominée elle-même par le monarque, elle semblait se complaire à détruire la monarchie. Elle n'y put parvenir dans le passage de la première à la seconde race; et nous venons de voir comment la Providence suscita une succession d'hommes extraordinaires qui l'arrêtèrent. Mais, sous les derniers princes de cette seconde race, qui, je le répète, finit plus rapidement et régna plus honteusement que la première, on put croire que c'en était fait à jamais du royaume de France. Le domaine des rois ayant été envahi, des milliers de petites propriétés s'étaient formées de ses débris; et ceux qu'on avait jusqu'alors appelés grands vassaux étaient devenus des seigneurs indépendans et plus puissans que les rois eux-mêmes. Avant de rétablir au milieu d'eux un fantôme de royauté, ils se firent comme un jeu de faire passer la couronne dans une autre famille, pour la rendre ensuite à celle de Charlemagne; puis, la lui ôtant de nouveau, ils la lui rendirent une seconde fois; et las enfin de tant de princes *inutiles* à la nation, et, pour en finir une dernière fois avec cette race, ils déférèrent à l'un d'entre eux l'honneur de les commander. On a pris l'habitude de dire : « Aux Mérovingiens succédèrent les Carlovin- » giens, à ceux-ci les Capets; » et le vulgaire suppose, d'après cette classification historique, que tout se suit sans interruption dans les institutions de la monarchie française depuis Pharamond jusqu'à nos jours : il s'en faut de beaucoup qu'il en soit ainsi. Hugues-Capet, le nouveau roi, ne possédait d'autre domaine que le Comté de Paris, dont son bisaïeul avait obtenu le gouvernement sous le règne de Charles-le-Chauve; il ne le possédait pas à d'autre titre, que tous ces autres vassaux qui l'avaient mis à leur tête ne possédaient les leurs; il n'était pas même, à beaucoup près, le plus puissant d'entre eux; son avènement même au trône consacrait l'hérédité des fiefs usurpés, puisque celui qu'il possédait n'étant, comme tant d'autres, qu'une usurpation, il ne pouvait avoir et n'eut jamais la folle pensée de troubler dans leurs possessions et dans leur indépendance ceux qui l'avaient fait roi ; et, quelque imposante que fût cette qualification, il savait très-bien qu'il n'était à leur égard qu'un chef militaire, et parmi les plus grands d'entre eux, que le premier entre ses égaux. Ni lui, ni ses premiers successeurs ne prétendirent régner, et ne régnèrent en effet à d'autres conditions. Je ne crains donc pas de le dire : il n'y avait plus de monarchie, même sous la forme si imparfaite qu'elle avait eue jusqu'alors : elle semblait morte, et l'on eût dit qu'un miracle seul pouvait la ranimer. Ajoutons que l'accord était loin de régner entre ces chefs violens et altiers : ce qu'ils avaient pris en commun, ils se le disputaient maintenant ; la France était devenue un champ de bataille perpétuel ; et si l'on considère cette anarchie guerrière qui la désolait, cette confusion à laquelle elle était livrée, non seulement ce n'était plus une monarchie, ce n'était pas même une société.

Cependant elle avait encore son principe de vie, cette monarchie qui devait offrir à l'Europe un si beau spectacle de durée et de grandeur ; et c'était dans le sein de la religion qu'elle avait été déposée comme dans un glorieux tombeau où elle attendait sa résurrection. En entrant dans les Gaules, les Francs avaient reçu la vraie foi dans le baptême de Clovis ; et par une protection toute particulière du ciel, ils continuèrent d'y être fermement attachés. Ils durent à leur orthodoxie la facile conquête qu'ils firent bientôt après de l'Aquitaine et de la Septimanie, où le clergé catholique était depuis un siècle en butte aux persécutions des Goths-Ariens qui avaient usurpé cette belle portion des Gaules, et ce furent les évêques qui la leur livrèrent. Déjà l'influence des prêtres chrétiens était grande parmi eux : elle s'en accrut encore. Parmi tant de vertus sublimes, dont ils offraient à ces barbares des modèles jusqu'à-lors inconnus, rien ne frappait davantage ceux-ci que cette charité sans bornes qui surpassait l'idée qu'ils s'étaient faite même des sentimens les plus sublimes et les plus généreux. Ils voyaient ces hommes apostoliques, à la fois répandre autour d'eux les lumières de l'Evangile, et se dépouiller de tout ce qu'ils possédaient pour soulager les malheureux; et c'est ainsi que, gagnant dès l'abord l'estime et la confiance des vainqueurs, prêtres et moines purent se faire le principal refuge des Romains désarmés, dont ils étaient les intercesseurs auprès des rois, les médiateurs auprès des seigneurs, les patrons auprès des juges : ainsi leur furent successivement rendus, du moins en partie, les biens immenses que la conquête leur avait enlevés; et, en s'empressant à l'envi de leur faire ces restitutions, princes et sujets avouaient hautement que ces biens ainsi restitués, c'était aux pauvres qu'en effet ils les rendaient (1).

Il serait trop long d'expliquer ici, même succinctement, comment il arriva qu'au milieu des discordes civils qui désolèrent les derniers temps de la première race, ce qui leur avait été rendu leur fut de nouveau enlevé par la violence et la rapacité de ceux-là mêmes qui avaient charge de les défendre; comment, pour en conserver les débris, les évêques et les abbés se virent dans la dure nécessité de s'armer eux-mêmes, et d'opposer la force à la force brutale des envahisseurs; comment, sous la seconde race, les envahissemens continuèrent, et à quelles conditions le clergé dut alors souscrire, pour n'être pas dépouillé de ses dernières ressources, et réduit sous ce rapport à une situation peu différente de celle des serfs et des colons : ce serait la matière d'un livre. Mais ce qu'on ne saurait assez remarquer, c'est que ces mêmes hommes qui en agissaient

____

(1) Ils croyaient faire l'œuvre la plus agréable à Dieu en partageant ces biens avec ceux qui en faisaient « le patrimoine des pauvres, la ran-
» çon des âmes, le prix des péchés, la solde des serviteurs et des servan-
» tes de Dieu ». (*Cap. Car. Calv.* , *III, cap.* 12.)

(80)

envers eux avec tant d'injustice et de brutalité, continuaient
d'avoir pour leurs vertus la même vénération, une vénération qui même semblait s'accroître de jour en jour. Ce patro-
nage que, dès le commencement, ils avaient exercé à l'égard
des vaincus, non seulement ils l'avaient conservé, mais, comme
il était pour les rois le gage le plus assuré de la soumis-
sion de leurs nouveaux sujets, le temps en avait fait une
autorité légitime et régulière. Tout ce qui était Romain entra
successivement sous leur pleine et entière juridiction, et des
exemples nous prouvent que, sous la première race, cette juridiction était déjà exercée par eux absolument et sans contes-
tation (1).

Sous la seconde, leur autorité prit encore de nouveaux ac-
croissemens : ce fut même la seule qui, dans ces temps de
désolation, n'éprouva ni partage ni affaiblissement, parce
qu'elle était également reconnue par la multitude de ces Francs
grossiers qui, divisés entre eux par leurs passions et leurs intérêts jusqu'à s'entr'égorger, étaient cependant unis par le lien
d'un même culte et d'une même foi. Dans le naufrage de la
puissance monarchique qui s'écroulait de toutes parts, les faibles rois de la famille Carlovingienne, trouvèrent ainsi dans
le clergé une dernière ressource qu'ils n'avaient garde de né-
gliger ; et ce fut pour eux un point capital de leur politique
d'ajouter sans cesse aux attributions temporelles dont ils l'a-
vaient gratifié. Les évêques furent chargés de veiller à l'exé-
cution des ordonnances du prince (2) ; ils eurent une inspection
particulière sur les comtes et autres principaux magistrats
des provinces, et un grand nombre d'entre eux remplit l'office
de comtes des cités ; les serfs, les colons, les tributaires,
et généralement toutes les classes inférieures de la société,

---

(1) Voir, à ce sujet, un trait de la vie du bienheureux Avitus, évêque
d'Auvergne, raconté par Grégoire de Tours ; et encore ce qu'il raconte
de Cantin, évêque de ce même diocèse. (*Hist.*, lib. IV, cap. 12 et 18.)
(2) *Cap. Car. Calv.*, tit. 36.

furent placés sous leur protection spéciale, et ils purent modé‑
rer à leur égard la trop grande rigueur des châtimens (1) ; ils
devaient avertir le roi de la négligence de ses agens ; ils furent
encore ses *commissaires* dans leurs diocèses , et jouivent de tous
les priviléges attachés à cette haute dignité. En cette qualité,
ils tenaient des *Plaids* auxquels étaient obligés de se rendre
tous les habitans, tant clercs que laïcs, qui dépendaient de leurs
évêchés. De tout temps, l'Eglise, comme société visible, avait
eu sa juridiction particulière, sa police, sa force répressive,
ses tribunaux, le droit d'infliger des châtimens à ceux qui
contrevenaient à ses lois ; et ces châtimens, au fond purement
spirituels, n'atteignaient que ceux qui avaient la volonté de
rester dans sa communion. Cette puissance judiciaire s'accrut
alors, au grand applaudissement des peuples qui vinrent y
chercher des jugemens équitables, que les tribunaux séculiers
et leur législation grossièrement arbitraire leur accordait rare‑
ment. Leurs oppresseurs furent obligés de les suivre devant le
tribunal ecclésiastique; et la puissance civile intervint contre
ceux qui refusèrent de se soumettre aux arrêts qu'il avait ren‑
dus (2).

Tel était l'état des choses lorsque Hugues Capet fut élu roi,
c'est‑à‑dire *chef militaire* des seigneurs et hommes libres. Le
clergé avait conservé toute sa puissance morale sur la nation,
et sur les grands comme sur les petits ; et sa juridiction tempo‑
relle était la seule que le malheur des temps eût laissée pleine et
entière. Les évêques étaient ainsi parvenus à arracher à l'usurpa‑
tion des vassaux un grand nombre de bourgs, de cités, même des
provinces entières, qu'ils conservaient comme en dépôt, qu'ils
remirent successivement aux mains des nouveaux rois, leur
faisant ainsi une monarchie nouvelle, sous la condition tacite
d'en être plus efficacement protégés en ce qui concernait les

---

(1) *Cap. Car. Calv.*, c. 15.
(2) *Cap. Carlom.*, c. 9.

biens de l'Église, qu'ils ne l'avaient été sous les deux premières races ; et ils le furent en effet. En rentrant dans l'administration de ces bourgs, de ces cités, de ces provinces, et dans les faibles restes des domaines royaux qu'il leur fut possible de recouvrer, ces monarques rentrèrent en même temps dans le pouvoir *absolu* avec lequel leurs prédécesseurs les avaient gouvernés ; ce pouvoir, ils l'exercèrent plus absolument peut-être qu'il ne l'avait été, et ce fut en raison même de leur faiblesse à l'égard des vassaux qu'ils y devinrent plus absolus. Ceci peut sembler extraordinaire et même paradoxal, mais n'en est pas moins vrai et mérite par dessus tout d'être remarqué : l'extrême faiblesse des rois vers la fin de la seconde race, et cette puissance des grands vassaux qui en était résultée, avaient dès lors fait tomber en désuétude l'institution anti-monarchique des *Plaids généraux*, cette plaie de l'État, ce chancre politique qui l'avait si long-temps dévoré. Ces assemblées séditieuses, que l'intérêt général du *peuple militaire* avait établies et maintenues, avaient disparu devant cette foule d'intérêts particuliers que l'usurpation avait fait naître. En effet, le *Plaid général*, qui limitait si étrangement la puissance des rois, mettait en même temps quelques bornes à celle de ces orgueilleux vassaux : les seigneurs cessèrent de s'y rendre, parce qu'il s'y faisait *appellation* de leurs justices particulières dont ils avaient fait des justices souveraines, parce que les lois générales qui y étaient promulguées supposaient, comme conséquence nécessaire, une administration générale dont nul autre que le roi ne pouvait être dépositaire, à laquelle il ne leur convenait plus d'être soumis, que même ils ne voulaient plus absolument reconnaître. Ainsi, et par un effet contraire, la puissance illégale qu'ils s'étaient arrogée, les isolant les uns des autres, contribua à les affaiblir ; car dès ce moment et par des degrés d'abord insensibles, mais dont l'accroissement devint plus rapide à mesure qu'un grand nombre de circonstances, dont le détail ne peut trouver place ici et au milieu desquelles domine l'action constante du clergé, eurent accru la puissance du roi comme *sei-*

gneur féodal, son *Plaid particulier* prit la place du *Plaid général*, et devint la source de toute législation, comme il l'avait été de toute justice. Alors tout ce qui ne fut pas sous la dépendance immédiate des grands vassaux devint dépendant du roi sous tous les rapports qui constituaient la vraie monarchie. Ce travail intérieur qui la ramenait ainsi à son unité fut long et pénible : parmi les causes principales qui y contribuèrent, il faut compter l'ordre de primogéniture établi dans la succession au trône, qui fut plutôt le résultat de certaines circonstances providentielles, que de la sage politique des premiers Capets ; les croisades qui, reportant en Orient le foyer de la guerre que l'islamisme n'avait cessé de faire depuis plusieurs siècles à la chrétienté et dans son propre sein, suspendirent les guerres privées qui ensanglantaient la France, et accrurent sans cesse le domaine des rois, de fiefs que la mort de leurs propriétaires et l'extinction des familles y faisaient successivement rentrer ; par dessus tout, la puissance à la fois politique et religieuse des papes, qui, s'élevant tout à coup et surnaturellement au dessus de cette confusion des élémens de la société chrétienne, y rétablit l'ordre et l'harmonie, remettant par degrés chaque chose en sa place, et fut à la fois le salut des peuples et des rois ; ce qui long-temps n'a pas été compris, ce qu'on commence à peine à comprendre.

Ces heureux changemens, je le répète, ne s'opérèrent que lentement, et ce n'est guère que sous Louis-le-Gros, et grâce à l'administration sage et vigoureuse d'un moine (l'abbé Suger), que l'autorité royale commença à reprendre quelque ascendant. Ce fut aussi vers ce temps-là que commença à se manifester ce dessein constamment suivi par les princes Capétiens, et qu'on dirait avoir été le fond de leur politique, de chercher un appui dans le peuple contre la noblesse, ce qu'ils firent en accroissant sans cesse les priviléges des villes, et surtout en donnant aux bourgeois de Paris une importance dont ceux-ci devaient depuis si indignement abuser. Cette politique, qui présentait des dangers très-réels si la prudence ne savait pas la renfermer dans de justes bornes, avait aussi des avan tages ; et, ces avantages leur fermant les yeux sur le reste, ces princes ne virent pas, peut-être même favorisèrent-ils les empiétemens successifs du parlement de cette même ville de Paris, qui d'abord, simple *Cour de justice du roi*, et renfermée dans des attributions judiciaires assez étroites, devenue ensuite par l'institution de la *Pairie* (1) une *Cour suprême* dont les plus grands seigneurs furent justiciables, finit, ajoutant de continuelles usurpations aux concessions qui lui avaient été faites dans l'intérêt commun du roi et des peuples, par rêver qu'il était la *vraie Cour de France*, le *Parlement de la nation*, le PLAID GÉNÉRAL , et par s'en attribuer presque toutes les prérogatives. En lui commença l'opposition populaire qui contrebalança d'abord celle de la noblesse, et s'accrut à mesure que celle-ci allait décroissant. Une institution nouvelle contribua encore à son accroissement : nos rois, jusqu'à Charles VII, n'ayant pas eu d'armées régulières et soldées, se trouvant ainsi dans la nécessité de requérir de leurs sujets le service militaire qui leur était dû , étaient dans la nécessité de négocier

---

(1) Une pratique constante et, les préjugés les plus chers des Francs avaient consacré de temps immémorial « qu'un homme *libre* ne pouvait » être jugé que par ses *pairs*, du moins dans tout ce qui touchait à ses » droits les plus essentiels, tels que les biens, l'honneur et la vie (*) ». Cette coutume, qui favorisait leur esprit d'indépendance, s'étant conservée sous la monarchie, il en résulta que la puissance judiciaire de la cour du roi s'étendait ou se rétrécissait selon que la *qualité* de ceux qui la composaient, augmentait ou diminuait le nombre des justiciables. De là, l'institution toute politique de la *Pairie*, au moyen de laquelle les barons et les pairs eux-mêmes devinrent justiciables de la cour *suffisamment garnie de pairs* ; et comme il fut établi que, dans de telles occasions, les conseillers *inférieurs* n'en seraient pas exclus, ceux-ci en prirent une importance dont ils surent se prévaloir, et qui alla toujours croissant. Il y a lieu de croire que la Pairie commença sous Philippe-Auguste.

(*) Ainsi , c'est « du fond des bois » que nous vient aussi l'institution stupide du *jury*, non moins digne que le gouvernement *représentatif*, de sa barbare origine.

à ce sujet avec la noblesse, et se virent bientôt forcés d'en agir de même à l'égard des villes, à cause des grands priviléges qu'ils leur avaient imprudemment accordés. Telle fut l'origine de ces assemblées, depuis si fameuses sous le nom d'*États-généraux*, mais qui, malgré ce titre pompeux, n'avaient absolument aucun droit législatif, dans lesquelles même les villes n'entrèrent « que pour y représenter leurs besoins et facultés »; car jusqu'à cette époque (1304), il est certain que, sur ce point même, *elles n'avaient pas été consultées* (1). Quoi qu'il en

---

(1) Ce fut uniquement (et c'est ce qu'il faut bien entendre) dans l'intention de simplifier ces opérations, et non pour aucune autre cause, que Philippe-le-Bel convoqua des assemblées générales auxquelles se rendirent les députés des villes et ceux de la noblesse. Bien loin qu'il s'y formât, conformément aux usages des anciens *Plaids généraux*, une chambre séparée dans laquelle siégeaient les barons, les pairs, les principaux conseillers, et où les conseillers inférieurs (*minores*) n'étaient pas admis, on y vit les conseillers de la cour faire corps avec les députés des villes; le baronage disparut et les pairs ne comparurent pas. Il fallait donner un nom à ces assemblées, qui n'avaient point de modèle dans les institutions de la monarchie : on leur en donna un qui marqua qu'elles étaient composées de « tous les Etats » : on les nomma *États-généraux*.

Que n'a pas rabâché la *Gazette* dite *de France* sur les États-généraux ? de quelles âneries n'a-t-elle pas, à ce sujet, chargé ses colonnes; et qui pourrait les compter ? à quels lecteurs avait-elle donc affaire, pour entreprendre, et non pas sans succès, de leur persuader que des assemblées, dont la première se tint dans le XIV° siècle, émanaient, comme institutions fondamentales de la monarchie, de ces fameuses assemblées du *Champ-de-Mars*, dont il n'était plus question dès dixième? qu'*États-généraux* et *Plaids-généraux* étaient des choses absolument de même nature, quoiqu'elles se composassent d'élémens les plus différens et même les plus antipathiques qu'il soit possible d'imaginer? que de même que les anciens parlemens de la nation, ces assemblées, créées sous la troisième race, étaient *législatives*, ce qui implique contradiction avec le fait même de leur convocation, puisqu'elles étaient convoquées, non pas *ordinairement* et à des époques

soit, c'est ainsi que l'on rentrait, et presque sans s'en apercevoir, dans le cercle fatal des *corps délibérans*. Toutefois lés États-généraux, si rarement assemblés et dont les prérogatives furent pendant long-temps si bornées, ont été loin d'avoir sur les destinées de la monarchie la même influence que le parlement, représentant *permanent* de ce que l'on considérait alors comme les intérêts des classes inférieures de la société ; s'établissant de son autorité privée *corps* POLITIQUE, de simple *cour de justice* qu'il avait été et qu'il n'aurait jamais dû cesser d'être ; favorisant, dans sa marche fallacieuse, excitant même et sous

---

réglées, ainsi qu'il appartient de l'être à tout corps qui a le droit de faire des lois, ainsi que l'étaient les *Plaïds-généraux*, mais *extraordinairement*, selon le bon plaisir du monarque, n'ayant par conséquent d'autre existence que celle qu'il lui plaisait de leur laisser, pouvant être ou révoquées ou même entièrement supprimées, s'il le jugeait à propos ; et la chose est effectivement arrivée, près de deux siècles s'étant écoulés entre les derniers États-généraux tenus sous Louis XIII (1615), et la fatale convocation de 1789 ?.... Ce sont cependant ces âneries qui ont fait la fortune de cette *Gazette* dite *de France.*

Depuis la création, les assemblées des États-généraux se régularisèrent, la distinction des trois ordres s'y établit ; et quelques unes prirent place parmi les époques historiques de la nation. Toutefois, conservant toujours le caractère de leur origine, et toujours convoquées dans des circonstances *extraordinaires*, elles ne le furent jamais qu'en raison du malheur des temps, et lorsqu'il s'agissait de venir au secours de l'État, et de lui fournir, soit en hommes, soit en argent, des ressources auxquelles les finances du prince et le produit des revenus *ordinaires* de l'Etat ne pouvaient suffire (*). Si l'espace ne me manquait, il me serait facile de prouver, qu'à l'exception de quelques cas extrêmement rares (et l'exception prouve la règle), les États-généraux furent toujours *étrangers à la législation*, quoiqu'ils aient eu presque toujours une envie démesurée de s'en mêler. Mais, dès que leurs délibérations prenaient un caractère séditieux, une ordonnance royale prononçait leur dissolution, et tout finissait là. Plût au ciel cependant que rien de cela n'eût commencé !

(*) La *Gazette* dite *de France* appelle cela VOTER L'IMPÔT!!!

les couleurs d'un prétendu zèle pour les droits de la royauté, les entreprises imprudentes des rois contre la puissance spiri- tuelle, dont, à mesure que grandissait leur propre puissance, ils dédaignaient et les services rendus, et (aveugles qu'ils étaient !) les services qu'elle pouvait encore leur rendre ; ac- croissant ainsi sa propre juridiction des lambeaux de celle du clergé qu'il ne cessait de lui arracher, soit par la ruse, soit par la violence ; timide et rampant sous les rois forts, insolent et mutin sous des rois faibles et enfans ; possédé enfin d'un esprit d'orgueil et de domination qui le porta d'abord à s'unir à des rebelles contre le roi (car on le voit paraître dans presque toutes les séditions, même les plus populaires), qui l'unit ensuite à des sectaires contre l'Église, et finit par en faire le fléau de l'Église, du peuple et du roi. De quels crimes politiques ne s'est-il pas rendu coupable, cet odieux parlement, à qui je suis loin de vouloir enlever les éloges qui lui sont dus comme corps judi- ciaire ! Sans lui, sans ce ver rongeur qu'elle portait dans son sein, elle existerait encore, cette belle monarchie, devant la- quelle étaient successivement tombés tous les obstacles qui s'op- posaient à sa marche majestueuse et salutaire ; qui s'avançait à travers les siècles, entourée d'une noblesse devenue, de fac- tieuse qu'elle avait été, le modèle de l'honneur et du dévoue- ment ; à la fois affermie et modérée par l'assistance d'une Eglise vénérée entre toutes les Eglises du monde, et dont l'influence continuelle assurait l'obéissance des sujets en adoucissant le commandement des maîtres ; objet d'envie pour l'Europe en- tière par la hiérarchie admirable de ses tribunaux, par la sim- plicité économique et paternelle de son administration, par tout ce que produisaient en elle de compacte les lois fondamentales, les mœurs, les traditions ! Ce fut une assemblée de *bourgeois de Paris* qui devaient à la bonté de nos princes les priviléges dont ils jouissaient, et à leur trop grande condescendance ceux qu'ils avaient usurpés ; ce fut ce parlement de Paris, quelquefois ridicule même alors qu'il était le plus dangereux, qui, tour à tour opprimant l'Eglise, régentant les rois, soulevant les

peuples, inoculant au milieu d'eux toutes les doctrines de révolte, corrompant dans sa source l'éducation publique, entra-
vant à chaque pas, et autant qu'il était en lui, l'action du pouvoir monarchique, fit surgir enfin du milieu de cette France
qu'il avait fascinée et exaspérée, et sous le nom presque oublié
depuis deux siècles d'ÉTATS-GÉNÉRAUX, cette dernière assemblée
délibérante qui l'ensevelit lui-même à jamais sous les ruines du
trône et de l'autel (1).

Je ne présente pas ici des systèmes et je ne fabrique pas des
utopies : ce sont des faits que je raconte, des faits authentiques,
qu'il appartient à tous d'aller vérifier à leur source ; et bien
hardi serait celui qui entreprendrait de les modifier, de les
interpréter de manière à atténuer la preuve accablante et sans
réplique que j'en tire, savoir : « que les deux premières dynas-
ties de nos rois ont péri par des ASSEMBLÉES DÉLIBÉRANTES ;
que c'est à des ASSEMBLÉES DÉLIBÉRANTES que la troisième a dû
sa chute, qui a ébranlé le monde, et, nouvelle boîte de Pandore,
répandu sur la France un déluge de maux ; de tout ce que
cette France malheureuse a perdu, l'espérance seule lui étant
restée. »

Et admirez ici la marche de ces grands événemens : aux

---

(1) Ces États-généraux de 1789 ne furent pas convoqués à un autre
titre qu'aucun de ceux qui les avaient précédés. Ils le furent de même
extraordinairement et à l'occasion d'un déficit dans les revenus de l'État
(quel déficit ! M. Rotschild n'y trouverait pas aujourd'hui de l'eau
pour boire), que les recettes ordinaires ne pouvaient couvrir, le parlement ayant refusé l'enregistrement de quelques légers impôts qui auraient subvenu à tout, et Louis XVI, entouré de traîtres et de gens
ineptes, ayant, dans son extrême et trop facile bonté, suivi les plus
faibles conseils. Ce fut cette assemblée, dans laquelle on comptait DEUX
CENT DOUZE AVOCATS, qui de sa propre autorité (et l'on sait par quels
exécrables moyens !) se fit *législative* ; et qui, s'étant bientôt aperçue
qu'après ses quatorze siècles d'existence, la France n'était pas encore
constituée, se transforma en assemblée CONSTITUANTE, ce que la
Gazette dite *de France* trouve ADMIRABLE.

deux premières époques, ce sont des hommes violens, des hommes armés et terribles les armes à la main, ne respirant que la guerre, avides de butin et de pillage, qui rejettent avec mépris des rois faibles et timides, auxquels ils croient ne plus rien devoir parce qu'ils n'en attendent plus rien. Ce que ces rois possèdent de pouvoir *absolu* et vraiment monarchique n'étant pas soutenu de la force militaire, sans laquelle succombent les princes les plus justes, par laquelle prospèrent les plus détestables tyrans, ne sert qu'à irriter les haines et qu'à accélérer leur ruine. Tous les droits, tous les devoirs, tous les prestiges, semblent avoir disparu dans ce grand naufrage, et l'on dirait que c'en est fait sans retour du royaume de France; mais la religion vit au milieu de ces symptômes de mort : son unité vivifiante pénètre toutes les parties de ce grand corps prêt à tomber en dissolution; elle devient comme un ciment qui les réunit, les rattache, « leur rend la forme et la solidité; et ce royaume, » *fondé par les évêques* », ainsi que l'a dit un homme (GIBBON) que certes on n'accusera pas de partialité pour le catholicisme, est rétabli par des évêques, et, comme par enchantement, reprend sa vigueur première.

A la troisième époque, la face des choses a entièrement changé : les rois, par des prodiges de patience, par la politique d'abord, plus tard par les armes, ont fini par reconquérir tout ce qu'ils avaient perdu; puis, par y ajouter ce qui dans le principe y avait manqué, ce pouvoir incontesté qui complétait enfin la monarchie. Cette noblesse, si long-temps hostile contre eux, est devenue leur plus sûr auxiliaire; il n'y a plus de force armée qu'entre leurs mains; toute législation émane d'eux seuls; les lois qu'ils ont faites et promulguées, c'est à eux seuls qu'il appartient de les faire exécuter; et leur pouvoir embrassant, soit par l'action, soit par la surveillance, l'administration entière de leurs Etats, est devenu *absolu* pour le tout, comme l'avait été celui de leurs prédécesseurs pour quelques parties. Qui eût pu prévoir, ou même rêver, qu'une assemblée d'hommes *de robe*, qui ne leur parlait qu'à genoux, qui n'avait d'autorité, de consi-

dération, de vie même, que ce qu'elle en puisait dans les splendeurs de la royauté ; que cette assemblée, dis-je, parviendrait un
jour, non seulement à se rendre formidable à d'aussi grands monarques, et si puissans et si révérés, mais encore à saper, à
ébranler leur trône, qu'un souffle ensuite a pu renverser ? C'est
là cependant ce qui est arrivé ; et l'influence *anti-monarchique*
du parlement de Paris s'est fait sentir du moment qu'on a souf-
fert qu'il se fît *corps politique* DÉLIBÉRANT ; et si on l'a vu, à
mesure que croissaient ses forces, porter des coups plus audacieux et plus violens à la puissance ecclésiastique, c'est qu'un
instinct de conservation l'avertissait que, s'il n'écrasait cette
puissance, il en serait tôt ou tard écrasé. Aussi, lorsque est
tombée la troisième race, ce grand appui, qui deux fois avait re-
levé la royauté, lui a manqué.

Et c'est ce qui a perdu trois fois la monarchie, ce qui depuis, et dans l'espace de moins d'un demi-siècle, a ras-
semblé sur la France plus de calamités et d'ignominies que
n'en offrent ensemble les quatorze siècles de son existence ;
c'est ce fléau qu'on prétend imposer comme première condition
du rétablissement de la monarchie ! Et ce que l'on demande,
ce ne sont pas des assemblées de guerriers qui, après avoir dé-
libéré, soit comme des maîtres, soit comme des séditieux,
couraient du moins sur le champ de bataille verser leur sang
pour la défense de l'État qu'ils avaient troublé ; ce n'est pas
une assemblée de magistrats, utile du moins par le zèle désin-
téressé avec lequel elle rendait la justice aux peuples, qu'on a
vue, dans ses délibérations même les plus factieuses, s'arrêter
comme effrayée de la pente dangereuse sur laquelle elle glis-
sait ; laissant ainsi les générations s'écouler sur les générations, avant de s'y être entièrement abandonnée ; non, c'est
au milieu de trente millions d'individus, cinquante ans du-
rant nivelés par la tyrannie, démocratisés par l'anarchie,
gangrénés de révolte et d'impiété par le journalisme, qu'on a
conçu la pensée délirante de rétablir, à la face des souverains
légitimes et avec leur sanction et coopération, ces assemblées,

ou plutôt ces *multitudes* bizarrement composées de petits propriétaires, de provinciaux inexpérimentés, d'intrigans qui cor-
rompent, d'ambitieux subalternes qui sont corrompus, d'avocats surtout, D'AVOCATS ! à quelques honorables exceptions près,
les plus ignares et les plus incapables des hommes en toute es-
pêce de connaissances divines et humaines dès qu'ils ont mis le
pied hors du barreau, où leur sciencce est d'embrouiller les affaires les plus simples ; D'AVOCATS ! qui parlent d'autant plus ef-
frontément de toutes choses, qu'ils ne savent rien sur aucune
chose ; D'AVOCATS ! de toutes nos pestes publiques, celle qui a
fait le plus de ravages, celle qui est la plus obstinée à rava-
ger, celle qui ne lâchera prise qu'après les autres, continuant,
si on la laissait faire, de parler jusqu'à la fin du monde, et à
peine interrompue dans son parlage par le jugement dernier !
« Revenez, dit-on, à ces rois dont on avoue ne pouvoir se
» passer ; revenez, nous vous recevrons avec joie, pourvu
» toutefois que vous consentiez à être parmi nous, nous ne
» dirons pas les égaux de ceux de votre race qui ont régné
» avec tant de puissance et de gloire, mais au dessous même
» de ces rois chevelus, qui du moins jouissaient, au milieu
» de leurs plus grandes humiliations, de quelques portions
» de la souveraineté. Vous reviendrez donc, désarmés, nus,
» ou pour mieux dire, emmaillotés dans les délibérations de
» nos assemblées souveraines ; vous prendrez place *à côté*
» d'une armée que vous ne commanderez pas, qui sera celle
» de la nation et non la vôtre; vous serez continuellement à
» la merci de nouveaux DEUX-CENT-VINGT-ET-UN, qui vous
» refuseront des impôts, c'est-à-dire tout moyen de gouver-
» nement, au moment même où vous prendra la fantaisie
» imprudente de gouverner; enfin, vous vous mettrez tout
» justement dans la position où il convient que vous soyez
» pour être détrônés à *la pluralité des voix*, si dans un mo-
» ment d'humeur tel était notre bon plaisir. Nous ne vou-
» lons pas ABSOLUMEMT de l'ABSOLUTISME : nous voulons *des*
» *rois qui ne soient pas rois ; des sujets qui ne soient pas su-*

» *jets* : ce sont là les besoins et les *exigeances* du siècle ; et vous
» auriez mauvaise grâce de vous y refuser. »

Ce qu'il y a d'étonnant, et je dirais presque de risible dans
de semblables folies, s'il était permis de rire en un si triste
sujet, c'est qu'elles sont soutenues avec hauteur et arrogance
par une coterie au milieu de laquelle il n'y a ni union, ni
force, ni direction ; qui ne vit que du charlatanisme d'un parlage discordant et de l'infatuation de ceux qui l'écoutent ; enfin dont l'impuissance est telle, qu'on ne trouve presque pas de
mot dans la langue pour l'exprimer ? Au reste, de toutes ces
folies, la plus grande est celle qui se trouve implicitement
renfermée dans les autres ; c'est de supposer qu'il existe, pour
la France, des moyens *purement humains* de restauration sociale, lorsqu'il est évident pour tout homme qui n'a pas perdu
le sens, qu'au point où en sont les choses, il n'y a qu'une inter-
vention *plus qu'humaine* qui puisse débrouiller un aussi effroyable chaos ? Oui, Dieu seul le peut ; et lorsqu'il lui plaît
de se mêler *visiblement* des choses de la terre, les plus indo-
ciles sont forcés de se soumettre, les plus orgueilleux de courber la tête. Français ! si sa miséricorde prend la place de sa
colère, si en vous rendant un Roi, il consent à vous replacer
au rang des nations civilisées, ce Roi légitime sera tel « qu'il les
sait faire », et non autrement ; c'est-à-dire qu'il vous rendra un
roi « dont la parole sera puissante, et à qui personne ne pourra
» dire : Pourquoi faites-vous ainsi ? (*Ecclés.*, VIII, 4) » ; un
roi « qui marchera devant vous et qui vous conduira dans vos
» guerres (I, *Reg.*, VIII, 20) » ; un Roi qu'il faudra craindre si
l'on fait le mal, « parce que ce n'est pas en vain qu'il portera
» le glaive (*Rom.*, XIII, 4) » ; un Roi enfin qui n'attendra pas
son arrêt de vie et de mort de sujets insolens, selon qu'il leur
plaira de lui accorder ou de lui refuser l'impôt, qui est aussi
son droit (*ibid.*, 9) ». Mais il vous rendra, en même temps,
un Roi chrétien, sachant « que c'est pour le bien que la puis-
» sance lui a été donnée (*ibid.*, 4) », et que celui « par qui rè-
» gnent les Rois (*Prov.* VIII, 15) » lui en demandera compte
un jour, et un compte sévère ; un Roi se souvenant de ce qu'é-

tait cette puissance suprême entre les mains de ses aïeux, qui,
fils aînés de l'Église, se faisaient obéissans à ses lois comme les
derniers de leurs sujets (et ces lois que quelques uns d'entre
eux violèrent, ne le furent jamais impunément). Il se souvien-
dra encore que, juges naturels de leurs peuples, car il est dit
aussi : « Votre roi vous jugera (I, *Reg.*, VIII, 20) », ces monarques s'étaient, de leur propre mouvement et par une vertu
que le christianisme seul pouvait inspirer, désistés de ce droit de
rendre eux-mêmes la justice à leurs peuples, leur donnant, dans
l'indépendance des tribunaux, la seule vraie liberté, la seule
qui soit désirable pour eux ; et, tout en surveillant *les justices*
de son royaume (ce qui est son premier devoir), il accordera
sur ce point important plus peut-être qu'il n'a jamais accordé.
Jaloux de ses droits politiques, que nul ne sera si audacieux que
de prétendre partager avec lui, de même que ses augustes prédécesseurs et plus complétement encore qu'aucun d'eux ne l'a
fait, il abandonnera à ses provinces leur administration intérieure
et locale, sous la condition que cette administration sera désin-
téressée et paternelle de la part du riche à l'égard du pauvre ;
mais c'est surtout en jetant, pour ainsi parler, les générations
nouvelles dans le sein de la religion, qu'il lui sera donné d'opérer les merveilles de son règne. Oui, aux peuples religieux, les
rois clémens et doux ; aux peuples impies, les oppresseurs et les
tyrans. Français ! ne désirez pas vos souverains légitimes aux
conditions d'un autre avenir : vous ne les obtiendrez jamais ; et,
si vous vous obstinez dans votre endurcissement, tremblez que
Dieu vous retranchant du milieu des nations, il n'y ait plus d'a-
venir pour vous.

POST - SCRIPTUM.

Si les considérations qu'on vient de lire répandent, comme
nous l'espérons, quelque lumière sur la situation, les projets et
les illusions des partis en France, elles auront aussi pour nous
l'avantage particulier de résumer avec clarté nos doctrines politiques et de répondre catégoriquement, et une fois pour tou-

tes , aux diverses *traductions* que l'ignorance ou la mauvaise foi se plaît à en faire , l'une faute de les pouvoir comprendre, l'autre faute de le vouloir.

Cette ignorance ou cette mauvaise foi (nous laissons la liberté du choix) s'est particulièrement manifestée dans un journal de province , intitulé la *Gazette du Midi*, journal ultra-réformiste , espèce de *Moniteur* du parti *rouge-et-blanc*, c'est-à-dire , comme l'exprime l'alliance monstrueuse des deux couleurs qu'il a prises pour enseigne, du parti *jacobin-légitimiste* (1).

---

(1) Nous prions le lecteur qui serait tenté de trouver quelque exagération dans les termes de cette double épithète , de lire , avant de prononcer, ce *Post-scriptum* jusqu'au bout, et en attendant, d'arrêter son attention sur un fait récent et sur le document authentique suivant.

Lors des dernières élections des Bouches-du-Rhône , on se rappelle qu'au nombre des candidats *dits* légitimistes , proposés, soutenus et prônés par la *Gazette du Midi*, figurait au premier rang et parmi *les plus purs*, M. G. de L. B. ; et, en effet, grâce aux efforts de la feuille réformiste et à l'alliance de ses abonnés-électeurs avec les électeurs-abonnés du *Peuple Souverain*, il obtint une *honorable* majorité, et fut en conséquence expédié pour la chambre des députés , et déposé parmi la douzaine d'individus qui partagent sa façon de penser. Or, voici le manifeste religieux, politique et poétique, que messieurs les citoyens *rouges-et-blancs* ont solennellement adressé à leur élu, avant qu'il allât remplir ses hautes destinées réformistes.

A M. G. DE L. B.

Lorsque Marseille *libre et fière*
Proteste de sa grande voix,
Et que les vœux d'une *double* bannière
Se résument sur un *seul* choix,
Des destins que le siècle porte
Ce *noble* élan me fait augurer mieux :
Oui, le feu germe en des cœurs *généreux*,
Et notre France n'est pas morte.

Ce journal nous avait fièrement porté le défi « de dire net-
» tement ce que nous voulons , de dérouler le plan que nous
» avons dans la tête, de *formuler* (terme d'argot jeune-france)
» notre système de gouvernement » ; et sans même attendre

Des abus et du monopole,
Pour flétrir le règne odieux,
Les Provençaux ont foi dans ta parole.
LEUR CLIMAT ENFANTE DES DIEUX (*) ;
Et par ta voix puissante et forte,
Si MIRABEAU *règne et domine encor,*
Fils du Midi, va dire aux fils du Nord
Que notre France n'est pas morte.

❅

Va, l'œil fixé sur ta promesse ;
Et sois sûr de nous obtenir
Le TRIPLE DIEU *qu'adore la jeunesse :*
LIBERTÉ , PATRIE , AVENIR !
Au champ où ton zèle t'emporte,
Nous t'escortons et d'espoir et d'amour ;
Et nous pourrons mieux dire à ton retour
Que notre France n'est pas morte.

Ainsi, voilà la *grande* voix de Marseille *libre et fière* (et effectivement, il y a de quoi être *fière* d'être *libre* comme cela !) qui avoue de
nouveau la *double* bannière rouge-et-blanche, que la *Gazette du Midi*
a vainement essayé de nier, lorsqu'elle a vu l'indignation que cette hi-
deuse alliance a excitée jusque parmi ses lecteurs !

Ainsi, voilà *les cœurs* GÉNÉREUX des révolutionnaires et des legiti-
mistes , se réunissant *par un* NOBLE *élan sur un* SEUL *choix*, et les uns
et les autres reconnaissant par conséquent M. G. de L. B. pour le ré-
présentant *commun* de leurs doctrines *communes* !

Ainsi, voilà un *des dieux* qu'*enfante le climat* provençal , c'est-à-
dire M. le député G. de L. B., baptisé par ses légitimistes commettans
du nom de MIRABEAU, chargé de recommencer MIRABEAU, de *régner et*

(*) *Les dieux qu'enfante le climat*, signifient les députés que crache l'urne électorale des Bouches-du-Rhône.

que nous eussions répondu à son impérieuse sommation, il
avait continué (sans doute pour se tenir en haleine de poli-
tesse et de modération) à nous représenter comme « des doc-
» trinaires d'une autre espèce, dont les accusations *matériel-*
» *lement fausses* le disputent à l'*inconvenance* et à l'*acrimonie*
« du style », et qui, ayant eu la féodale et monarchique im-
pertinence de dire « *qu'ils veulent ce que le Roi de France veut,*
» *tout ce que le Roi de France veut, rien que ce que le Roi de*
» *France veut,* ABUSENT *ainsi d'un nom sacré, et viennent ca-*
» *cher* LEURS GUENILLES *sous le manteau royal;* » observation
d'une exquise *convenance de style*, comme on voit, et pure
de toute *acrimonie*.

Mais ce qui avait surtout offusqué le journaliste rouge—et
blanc, c'étaient nos doctrines *absolutistes;* car l'absolutisme,
voyez-vous, c'est son antipathie dominante, son aversion
fixe. Au seul nom d'absolutisme, son cœur réformiste se
soulève, son esprit constitutionnel s'indigne : « D'absolu-
» tisme, s'écrie-t-il, nous n'en voulons à aucun titre, sous
» aucun drapeau, avec aucun principe !..... Nous le décla-
» rons : si celui que M. de Châteaubriand a appelé son roi
« pouvait revenir en France pour y mettre en pratique ces
» doctrines politiques (absolutistes), nous ne cesserions pas
» d'être légitimistes, mais de ce jour-là nous compterions
» dans l'opposition...... Pour nous, la liberté est inséparable
» de la légitimité : la légitimité des rois, *sans la liberté des*
» *nations,* est un édifice sans bases. » L'absolutisme, c'est

---

de dominer comme MIRABEAU ! Entendez-vous ? MIRABEAU !.... MIRA-
BEAU, l'assassin de la monarchie !

Ainsi, ce qu'ADORE *la jeunesse électorale,* ce n'est plus le Père, le
Fils et le Saint-Esprit; ce n'est pas même l'*Etre-Suprême* du citoyen
Roberspierre; c'est *la Liberté, la Patrie, l'Avenir :* voilà son *triple
Dieu;* voilà LA TRINITÉ réformiste et *réformée!*

Lecteurs royalistes et catholiques, dites maintenant : l'épithète de
jacobin-légitimiste vous semble-t-elle encore trop forte ?

la source de tous nos maux ; l'absolutisme, c'est *la cause pre-*
mière de la révolution qui a bouleversé la France ; l'absolutisme, c'est le crime capital du cardinal de Richelieu qui ,
en l'introduisant, a dénaturé la constitution nationale ; l'absolutisme, c'est le synonyme d'arbitraire, de despotisme, de
tyrannie, et le père de la servitude, de l'ilotisme, de l'oppro-
bre, de l'abjection et de l'abrutissement ; l'absolutisme enfin,
c'est l'abomination de la désolation, c'est le fléau-monstre ; et
s'il fallait choisir entre la guerre, la famine, la peste et l'absolutisme, nul doute que l'écrivain marseillais ne préférât
peste, guerre et famine tout ensemble, même à l'absolutisme
tout seul.

Or, grâce aux considérations qu'on vient de lire, et à la
petite leçon d'histoire de France, qu'on y donne à MM. les
réformistes qui en avaient grand besoin, ils sauront désormais *ce que nous voulons, le plan que nous avons dans la tête,*
et LA FORMULE *de notre système de gouvernement ;* c'est-à-dire
ce qu'étaient la monarchie française et le Roi de France avant
que le système électoral-représentatif-réformiste eût renversé
l'une et détrôné l'autre, et à quelle condition, *sine quâ non,*
le Roi et la monarchie pourront être rendus à la France, quand
la France, désensorcelée du constitutionalisme et revenue au
sens commun et à la vérité, aura enterré à jamais le système
réformiste-représentatif-électoral.

Ils sauront aussi, ces Messieurs, que cet absolutisme,
source de tous nos maux, cause première de la révolution,
n'est autre que le pouvoir souverain tel que, *de tous temps,*
il a été donné de Dieu aux Rois pour le bonheur et le repos
des peuples ; que par cela même qu'il est d'institution divine,
il est essentiellement légitime, et que parce qu'il est légitime,
il est nécessairement paternel, juste, bienfaisant ; que, par
conséquent, ce pouvoir n'a rien de commun avec le pouvoir
arbitraire, tyrannique, et moins encore avec le pouvoir illé-
gitime et usurpé, et que ce n'est pas, comme le disent ces
Messieurs, *à coups de bâtons de sabre, de mitraille, de bom-*

-bes. *et de machines infernales* qu'il gouverne et qu'il adminis-
tre ; et quand ils sauront cela, ces Messieurs, alors ils éviteront sans doute de répéter l'inqualifiable apostrophe qu'ils
nous ont adressée en ces termes : « Le directeur de l'*Invaria-
» ble* fait gloire d'être absolutiste ; la seule pensée d'être livré
» corps et biens aux caprices du pouvoir le fait tressaillir de
» joie. Eh ! grand Dieu ! que ne rentre-t-il en France ? Voilà
» quatre ans que ses vœux sont comblés, que l'empire du bon
» plaisir s'étend d'un bout du royaume à l'autre, que le bâton,
» le sabre, la mitraille, la bombe et les machines infernales ré-
» priment à l'instant tout projet d'indépendance. Qu'il vienne :
» son utopie est maintenant une vérité ; qu'il contemple, sur
» les bancs du centre, les Mahul, les Viennet, les Madier-
» Montjau : ceux-là font et disent ce que veut leur maître ,
» tout ce qu'il veut, rien que ce qu'il veut. Il peut venir : l'or-
» dre de choses, qui adopte tous ses principes, l'accueillerait
» à bras ouverts. »

Enfin, ils sauront, ces Messieurs, à qui appartient encore,
selon les *vrais* royalistes, ce pouvoir absolu, et sur quel
front sacré Dieu en a gravé l'empreinte, qu'il n'est donné à
aucune main d'homme de pouvoir effacer ; et quand ils sauront
cela, ces Messieurs, sans doute ils éviteront aussi de répéter cette autre étrange assertion : « Non, le Directeur de l'*In-
» variable*, cet apôtre de l'absolutisme, n'est pas autorisé à
» dire qu'il veut ce que le Roi de France veut ;.... *les volontés
» du Roi de France se sont fait entendre* PAR LA VOIX DE SON
» AUGUSTE MÈRE » ; car l'auguste mère du Roi Charles X
étant morte depuis un grand nombre d'années, elle n'a pu récemment faire entendre sa voix à ces Messieurs, à moins que
ce ne soit dans un de ces cauchemars que leur donne la terreur
de l'absolutisme. Or, le cauchemar n'est pas encore une autorité
politique.

Maintenant que nous avons fait connaître à MM. les ré-
formistes-légitimistes ce que nous sommes, ce que nous voulons, nous autres catholiques-royalistes, il nous reste, pour

en finir avec ces Messieurs et avec leur *Gazette*, à faire con‑
naître aussi ce qu'ils sont eux-mêmes et ce qu'ils veulent.
Et ici, nous ne nous appuierons pas, à leur exemple, sur des
déclamations vagues et creuses ; sur des allégations sans bases
et sans portée ; nous n'irons pas fouiller dans le fond de leur
cœur et mettre leur conscience à la question, pour y trou‑
ver ce que nous *supposons* qu'ils pensent. Non ! pour les juger,
nous n'invoquerons que leurs propres paroles et celles de leurs
meilleurs amis ; nous n'aurons recours qu'à l'irrécusable témoi‑
gnage des faits ; ou, pour mieux dire, un seul fait nous suffira.

Lors des récentes élections municipales de Marseille, un des
premiers candidats présentés par la *Gazette du Midi* au nom
du parti rouge-et-blanc, a été M. Démosthènes Ollivier,
qu'elle recommandait en ces termes aux électeurs : « A des opi‑
» nions françaises, il faut un homme *parlant français* (au
» prix qu'on y attache, il paraît que cette qualité est rare
» dans le parti) : à une opposition amie du progrès, il faut
» un représentant capable de l'accomplir. M. Démosthènes
» Ollivier nous présente des garanties : il y a là indépendance
» et capacité. Les républicains comptent M. Démosthènes Ol‑
» livier parmi les hommes de modération éclairée ; les légiti‑
» mistes l'adoptent comme ami sincère de la réforme, comme
» expression de l'union réformiste qu'il représenta au banquet
» Berryer ; les orléanistes eux-mêmes ne pourraient s'élever
» contre lui, car ils furent ses amis. . . Voilà, en deux mots,
» pourquoi M. Démosthènes Ollivier est l'homme des réfor‑
» mistes. » Et ce candidat ayant en effet été nommé, ladite
Gazette annonça son triomphe en disant : « La cause réformiste
» compte, dans la journée du 5 décembre, un beau succès de
» plus : M. Démosthènes Ollivier a été proclamé ! »

Or, pour apprécier ce beau succès *légitimiste* dans toute
son étendue, il faut qu'on sache que M. Démosthènes Olli‑
vier n'est pas seulement *l'expression de l'union réformiste, l'ex‑
ami des orléanistes, le président du banquet Berryer, le répu‑
blicain éclairé et parlant français ;* il est encore le directeur

du journal marseillais intitulé le *Peuple Souverain* ; et si vous voulez savoir ce que c'est que le *Peuple Souverain*, son but, son esprit et sa part dans l'œuvre du propagandisme jacobin, écoutez, sur ce point, le chef aujourd'hui publiquement avoué du parti démagogique après l'avoir été clandestinement pendant quinze ans, des conspirateurs contre la monarchie, écoutez M. Carrel, Directeur du *National*, écrivant confidentiellement à son confrère et ami M. Pététin, Directeur du *Précurseur* de Lyon : « Nous sommes, comme tous les partis, poussés par notre fatalité : nous avons une monarchie à renver-
» ser, et nous la renverserons ; et après, il faudra lutter con-
» tre d'autres ennemis (*d'autres ennemis !* l'entendez-vous,
» pauvres dupes, de légitimistes ?). Plus nous allons, plus les
» difficultés de la tâche s'accroissent ; cependant ne me croyez
» pas découragé ; après tout, le gros de la besogne est fait par
» les journaux ; et il me semble que le *Précurseur*, le PEUPLE
» SOUVERAIN, et le *National* sont toujours LES TROIS ORGANES
» IMPORTANS DU PARTI, ET S'ENTENDENT ASSEZ BIEN. »

Ainsi, la Gazette *légitimiste* du Midi présente, pour son candidat aux élections, le Directeur de la Gazette *républicaine* de Marseille, lequel *s'entend assez bien* avec le Directeur du journal *jacobin* de Paris, qui le reconnaît pour *un des trois organes importans du parti.*

Donc on peut dire, avec l'exactitude rigoureuse d'une proposition mathématique :

M. Carrel-*National* est à M. Démosthènes-*Peuple Souverain*, ce que M. Démosthènes-*Peuple Souverain* est à MM. les rédacteurs ANONYMES de la *Gazette du Midi.*

Que les réformistes rouges-et-blancs nient cela s'ils l'osent, et qu'ils y répondent s'ils peuvent.

Et vous, Catholiques-Royalistes ! écoutez, réfléchissez, et jugez !......

AVEC APPROBATION ECCLÉSIASTIQUE.

www.ingramcontent.com/pod-product-compliance
Ingram Content Group UK Ltd.
Pitfield, Milton Keynes, MK11 3LW, UK
UKHW020940140726
13695UKWH00003B/1122